Patrick Bahners

Im Mantel der Geschichte

Patrick Bahners

Im Mantel der Geschichte

Helmut Kohl oder Die Unersetzlichkeit

im
Siedler Verlag

Für meinen Vater,
einen parteilosen Staatsdiener

Ein eigentümlicher, persönlich gewichtiger,
wenn auch undeutlicher Mann.

Thomas Mann, *Der Zauberberg*

In den Jahren der ersten deutschen Einigung, zwischen 1868 und 1873, hielt Jacob Burckhardt dreimal eine Vorlesung über das Studium der Geschichte, die sein Neffe 1905 unter dem Titel »Weltgeschichtliche Betrachtungen« drucken ließ. Den Schluß des Manuskripts bildet eine Untersuchung des Begriffs der historischen Größe. Burckhardts Definition ist eine negative. »Größe ist, was wir nicht sind.« Der große Mann ist ein Fremder unter den Normalsterblichen. Sein Lebensentwurf ist von anderen Dimensionen als die Hoffnungen und Pläne der Bürger. Es fällt ins Auge, daß sein Charakter sich den Konventionen des zivilisierten Lebens nicht fügt. Ein Evidenzerlebnis stiftet die Autorität des großen Mannes: An ihm kommt niemand vorbei. Sein Anspruch auf Dominanz muß sich nicht weiter ausweisen. Er will absolut gelten, losgelöst von jeder Begründungspflicht. Bei objektiver Betrachtung entpuppt sich die Größe freilich als relativer Wert. Schlechthin überlegen erscheint der Riese nur den Zwergen. »Dem Käfer im Grase kann schon eine Haselnußstaude (falls er davon Notiz nimmt) sehr groß erscheinen, weil er eben nur ein Käfer ist.« Größe ist, was wir nicht sind, und bleibt eben deshalb an unsere Maßstäbe gebunden. Anhänger und Opfer findet der Große nur unter den Kleinen. Die Haselnußstaude muß sich schon zum Käfer hinunterbeugen, wenn er von ihr

Notiz nehmen soll, muß ihm Nahrung, Aufstiegschancen oder das Glück im Schatten gewähren. Der Traum vom Helden ist eine Unterwerfungsphantasie, in der sich das Geltungsbedürfnis des Träumers verbirgt: Wir sind »unwiderstehlich dahin getrieben, diejenigen in der Vergangenheit und Gegenwart für groß zu halten, durch deren Tun unser spezielles Dasein beherrscht ist und ohne deren Dazwischenkunft wir uns überhaupt nicht als existierend vorstellen können«. Es macht dem eigenen Dasein Ehre, daß fremdes Tun es beherrscht; der Held hat gearbeitet, damit wir es uns gutgehen lassen. So gilt auch für die welthistorische Machtverteilung die Dialektik von Herr und Knecht: Der Anführer lebt von der Anerkennung seiner Gefolgschaft.

Es ergibt sich noch eine zweite, wiederum negative Definition: Größe ist das, ohne das wir nicht wären. Die Frage nach der Größe verlangt ein gleichsam transzendentales Gedankenexperiment, sie zielt auf die Bedingungen der Möglichkeit der gegenwärtigen Weltlage. Wer ist beim besten Willen aus der Geschichte nicht wegzudenken? »Kein Mensch ist unersetzlich – aber die wenigen, die es eben doch sind, sind groß.« Durfte man auf den ersten Blick glauben, das große Individuum stehe über dem historischen Prozeß, sei frei, wo jeder andere durch Zeit und Raum gebunden ist, so erweist es sich nun als »wesentlich verflochten in den großen Hauptstrom der Ursachen und Wirkungen«. Der Held ist kein Gesandter einer besseren Welt, der ein höheres Gesetz verkündet; der Schwanenritter taugte nicht zum Herzog. Das Einmalige, sieht man es nur nüchtern an, läßt sich immer wegdenken; der Zauber der genialen Begabung oder der bezwingenden Erscheinung liegt darin, daß der Himmel dieses Geschenk ebensogut hätte für sich behalten können. Wirklich unersetzlich ist, was nicht aus dem Rahmen fällt, die beharrliche Arbeit an der Stabilisierung der Verhältnisse. Gerne würde man im großen Handelnden einen Ausnahmemenschen verehren. Aber er steht ein für die Normalität. Auf Schritt und Tritt begegnet man seinen Einrichtungen; dauerhaft und gleichförmig, nehmen sie sich zwangsläufig langweilig aus. Die Alternativlosigkeit der bestehenden Ordnung kränkt den Verstand, der seinen Ehrgeiz daransetzt, nichts als gegeben hinnehmen zu müssen und alles wegdenken zu können.

Burckhardts Definition der historischen Größe ist formal. Er legt in dieses Prädikat kein Werturteil. Daß jemand unersetzlich ist, heißt nicht, daß es nicht wünschenswert wäre, ihn zu ersetzen. Größe ist bei Burckhardt tatsächlich eine quantitative und keine qualitative Einheit. Gemessen wird sozusagen die Zahl der Berührungen eines Individuums mit dem Weltgeschehen, die Dichte seiner Beziehungen zum historischen Prozeß. Groß ist, wer sich mit dem Gang der Dinge so eng verbündet hat, daß seine Absichten von den geschichtlichen Tendenzen nicht mehr zu unterscheiden sind. Die Regeln des Spiels begünstigen den Teilnehmer, der es lange betreibt. Die »momentane Größe« ist ein Sonderfall; wer dauerhaft seinen Platz auf der historischen Bühne behauptet, hat den Verdacht der Größe für sich. Die Allgegenwart des Unersetzlichen bedingt, daß er keine einnehmende Erscheinung sein wird. Er hat es nicht mehr nötig, um Sympathie zu werben. Trotzdem erlebt man ihn als aufdringlich, denn es ist gar nicht möglich, ihm aus dem Weg zu gehen.

Burckhardt ist sein eigener Begriff nicht geheuer. Wenn wir einen Handelnden daran messen, wie viele Wirkungen er ausgelöst hat, riskieren wir, »Macht für Größe zu nehmen«. Im Reich des Politischen ist diese

Gleichsetzung fast unvermeidlich, da die »politische Größe egoistisch sein muß und alle Vorteile ausbeuten will«. Unproblematisch erscheint die Verehrung der großen Künstler und Philosophen. Sie kann man aber genau deshalb »gelten lassen«, weil man »nichts von ihnen zu wissen« braucht: Dem Werk sieht man die Gewalt nicht an, der es seine Entstehung verdankt. Die Qualitäten eines Staatsmanns oder Feldherrn zeigen sich dagegen nicht in dem Erbe, das er seinen Nachfolgern hinterläßt, sondern in seinem Handeln. Die »großen Männer der historischen Weltbewegung« sind interessante Individuen, gerade weil sie im Zwielicht operieren. Die politische Tätigkeit verleitet zur Haltlosigkeit. Während der Künstler die Zeit anhält und der Philosoph die Zeit überwindet, geht der Politiker mit der Zeit. Es gibt die Sache nicht, an der er sich orientieren könnte. Man mag glauben, daß Schönheit und Wahrheit sich immer gleichbleiben. Die Macht ist kein solches Ideal jenseits von Wettbewerb und Streit; sie wird im politischen Prozeß gewonnen und verloren. Der Politiker ist auf sich selbst angewiesen; andere Ressourcen hat er zunächst und zuletzt nicht. Die Ethik verpflichtet zur Selbstlosigkeit; zur Selbstbezüglichkeit nötigt die Politik. »Die historische Größe betrachtet als erste Aufgabe, sich zu behaupten und zu steigern; und Macht bessert den Menschen überhaupt nicht.«

Weshalb aber legt Burckhardt der nackten Macht überhaupt den Umhang der Größe um? Was hat Napoleon, dieser »mangelhaft ausgestattete Mensch«, in der Gesellschaft des göttlichen Raffael zu suchen? Wie in den großen Werken der Kunst einer darstellt, was alle fühlen, oder in den Sternstunden der Philosophie einer beweist, was alle denken, so geschieht es auch in der Politik, daß einer tut, was alle wollen. Es mag sogar sein, daß er tut, was niemand selber getan hätte, aber jeder getan sehen möchte. »Die Bestimmung der Größe scheint zu sein, daß sie einen Willen vollzieht, der über das Individuelle hinausgeht und der je nach dem Ausgangspunkt als Wille Gottes, als Wille einer Gesamtheit, als Wille eines Zeitalters bezeichnet wird. Hierzu bedarf es eines Menschen, in welchem Kraft und Fähigkeit von unendlich vielen konzentriert ist.« Als Beispiele nennt Burckhardt die Eroberung Persiens durch Alexander und die Einigung Deutschlands durch Bismarck.

Die Willensstärke des großen Staatsmanns ist »abnorm«; sie zerbricht jede Vorstellung vom Maß und Gleichgewicht des gesitteten Verhaltens. Diese ins Übermenschliche gesteigerte Kraft bewährt sich auf Dauer nur in der Arbeit an Zielen, die jenseits des Horizonts eines bürgerlichen Einzellebens liegen. Wer reich werden will oder dem Namen seiner Familie Respekt verschaffen möchte, gehe besser nicht in die Politik. Die unsichtbare Hand der welthistorischen Ökonomie hat es so gefügt, daß derjenige seinen Willen durchsetzen wird, der mit der Entwicklung paktiert. »Es zeigt sich, scheint es, eine geheimnisvolle Koinzidenz des Egoismus des Individuums mit dem, was man den gemeinen Nutzen oder die Größe, den Ruhm der Gesamtheit nennt.« Dem Politiker wird seine Selbstsucht nachgesehen; ihn schützt »die merkwürdige Dispensation von dem gewöhnlichen Sittengesetz«, eine Immunität gegen moralische Zensuren. Der Begriff der historischen Größe bezeichnet für Burckhardt weniger ein metaphysisches als ein moralisches Rätsel. Ob das Individuum oder die Gattung als letzte Ursache der historischen Bewegung anzusehen ist, möchte er nicht entscheiden. Ihn fasziniert, daß die Ausnahmemenschen durch solche Handlungen Bewunderung auf sich ziehen, die bei gewöhnlichen Sterblichen verachtet werden.

Burckhardts Überlegungen zur Natur der politischen Tätigkeit schreiben eine realistische Soziologie fort, die auf Machiavelli zurückgeht. Der Staat kommt nicht allein durch freie Vereinbarung zustande; es ist immer Zwang im Spiel. Wer Herrschaft auf gute Absichten und edle Prinzipien gründen möchte, übersieht, daß es Mittel geben muß, die in den Dienst dieser Zwecke gestellt werden können. »Es ist tatsächlich noch gar nie Macht gegründet worden ohne Verbrechen. Und doch entwickeln sich die wichtigsten materiellen und geistigen Besitztümer nur an einem durch Macht gesicherten Dasein.« Die Unsicherheit der Gründerjahre, die drakonische Maßnahmen rechtfertigte, hält für den Politiker an. Wer einem bürgerlichen Gewerbe nachgeht, hält den Fortbestand des Gemeinwesens für selbstverständlich. Dem Politiker ist der eigene Erfolg so ungewiß, wie es in der Anfangszeit die Existenz des Staates war. Die permanente Bewegung, die Normen und Institutionen stillzustellen suchen, dauert im Binnenbereich des politischen Systems fort. Der Politiker muß auf alles gefaßt sein und ist daher zu allem fähig. Das Anforderungsprofil für seinen Beruf ist diffus. Wo ein Künstler oder Handwerker ein bestimmtes Material zu einem bestimmten Zweck bearbeitet, da ist dem Repräsentanten der Allgemeinheit jedes Mittel recht. Die Übung der Verwertung als solche bestimmt sein Handeln, eine Zweckorientierung, der die Zwecke gleichgültig sein können. Dieser amoralische Pragmatismus läßt sich auch als moralische Haltung beschreiben, als Utilitarismus, der sich den Reichtum seiner Optionen nicht durch Vorgaben oder Rücksichten einschränken läßt.

Die Fertigkeit des Politikers, in der Instinkt und Kalkül, Vorbereitung und Improvisation zusammentreffen, nennt Burckhardt den »Machtsinn«. Er ist ein Gespür für das Konkrete, für die handfeste Gelegenheit, die ein greifbares Resultat verspricht. Zugleich ist es eine Leistung der Abstraktion, alle Verhältnisse wie Konstellationen im Schachspiel zu betrachten, allein auf die von ihnen eröffneten Machtchancen hin. Burckhardt spricht dem Umgang mit der Macht eine erzieherische Wirkung zu: Er ist eine Schule der Disziplin, da der Politiker auch seine eigenen Wünsche daraufhin prüfen muß, ob ihre Erfüllung seine Macht mehren oder mindern würde. So wird zum Mittel der Machtsteigerung, was Machtlosen als Zweck des Machterwerbs erscheinen mag. Es ist nicht der Ehrgeiz, sondern »der Machtsinn, der als unwiderstehlicher Drang das große Individuum an den Tag treibt«. Die Ehrungen der Mitwelt sind für die Mächtigen nicht Belohnung, sondern bestenfalls Bestätigung. Auch lieben sie »eher die Schmeichelei als den Ruhm; letzterer huldigt nur ihrem Genie, wovon sie ja ohnehin überzeugt sind; erstere aber konstatiert ihre Macht«. Wer sich vom Machtsinn treiben läßt, muß an seine Unersetzlichkeit glauben; sonst verliert er den festen Punkt, auf den alle seine Berechnungen bezogen sind. Der Ruhm kann ihm schon deshalb im Ernst nichts bedeuten, weil er von der Urteilsfähigkeit der Menschen keine hohe Meinung hat. Er achtet allein »auf ihre Unterordnung und Brauchbarkeit«, hält alle für austauschbar.

Die Politik ist ein Spiel, in dem jeder Teilnehmer sich anstrengt, gegen alle Wahrscheinlichkeit die eigene Unersetzlichkeit zu beweisen. Den freiwilligen Rückzug darf es nicht geben, denn er kommt dem Eingeständnis der eigenen Ersetzbarkeit gleich. Caesar nannte daher

Sullas Niederlegung der Diktatur einen Fehler. Kein deutscher Bundeskanzler ist aus freien Stücken aus dem Amt geschieden. Kein Mensch ist unersetzlich: Die Demokratie erhebt auch deshalb den Anspruch auf den Titel der besten Staatsform, weil sie diese ungeschriebene Lebensregel als Verfassungsprinzip ausbuchstabiert. In der Demokratie gilt jeder Amtsträger jederzeit als austauschbar. In festen Abständen erhält der Souverän Gelegenheit, einen Ersatzmann an die Stelle des bisherigen Amtsinhabers zu setzen. Aristokratische Regierungen regeln den Zugang zur Macht. Magistrate nehmen nach dem Ende ihrer Amtsperiode als Senatoren oder Ratsherren weiter an der Herrschaft teil. Demokratische Verfassungen sorgen dafür, daß das Volk eine Regierung wieder loswerden kann. Bei Monarchen ist eine lange Regierungszeit Anlaß für Dankgottesdienste; in der Demokratie wird die Erfolgsserie einer Regierung irgendwann zum Argument für einen Wechsel. Läßt die Volksherrschaft dem großen Mann keinen Spielraum? Burckhardt sah mit der Massengesellschaft düstere Zeiten für das Individuum heraufziehen. Demokraten sind neidisch, Bürokraten sind kleinlich; gemeinsam bewirken sie »die polizeiliche Unmöglichkeit alles großartig Spontanen«. Dieselbe Verfassung, die den Mächtigen nicht dulden kann, der auf Formen nichts gibt, bedarf aber auch seiner Dienste. Jener Gesamtwille, dem ein Prophet oder ein Usurpator Wirkung in einem historischen Augenblick verschaffte, soll dauerhaft zu seinem Recht kommen; das Volk braucht Sprecher, und es braucht einen Sprecher, wenn es sich als eines fühlen soll.

Die Theorie der großen Männer in der deutschen Geschichtsschreibung gilt heute zumeist als antidemokratisches Erbteil, als literarisches Abbild des Obrigkeitsstaates. Übersehen wird, daß die welthistorischen Individuen mit der Exekution eines Willens beauftragt werden, der in der politischen Theorie Alteuropas keinen Ort hatte. Wo der Konservatismus Herrschaft als rechtlich und statisch dachte, da verkörperten Nationalhelden wie Reformatoren und Bürgerkönige eine moderne, dynamische Legitimität: Der allgemeine Nutzen war ein Produkt der historischen Bewegung, die über alte Rechte hinwegschritt. Fiktionen wie der Nationalgeist oder die Stimme der Geschichte hielten den Platz des souveränen Volkes frei. In der Demokratie gehen der Eigensinn des Volkes und der Machtsinn seiner Repräsentanten eine dauerhafte Verbindung ein. Nicht in Revolutionen, sondern in Wahlen und Abstimmungen artikuliert sich der Volkswille; er wird berechenbar und scheint kaum noch gewaltsam. Burckhardt sah das »Verhältnis der großen Männer zu ihrer Zeit« als »heilige Hochzeit«, als mystische Übereinstimmung, die keiner deutlichen Worte bedarf. Diese Vermählung wird heute alle Tage gefeiert, wenn ein Politiker den Ton seiner Worte und die Farbe seiner Haare den in Umfragen ermittelten Stimmungen des Publikums anpaßt.

Seit das Volk selbst zur Institution im Verfassungsstaat geworden ist, scheint sein Wille kanalisiert. Aber er hat die Kraft behalten, über die Ufer zu treten. Es widerstrebt ihm, Grenzen anzuerkennen; daher bleibt das Verhältnis von Demokratie und Rechtsstaat heikel. Wenn das Bundesverfassungsgericht Minderheitsrechte in Schutz nimmt, findet sich selten ein Politiker, der öffentlich erklärt, daß es Freiheiten gibt, die keine Mehrheit außer Kraft setzen kann. Es ist nicht bloß Opportunismus, der die Volksvertreter die Partei des Volksempfindens ergreifen läßt. Ihnen selbst sind die rechtlichen Beschränkungen ihrer Handlungsfreiheit lästig. Der Berufspolitiker darf hoffen, daß sein Egoismus mit dem allgemeinen Nutzen zusammenfällt. Dem Gemeinwohl wahrt er gerade dann die Treue, wenn er es mit den rechtlichen Grenzen seiner Macht nicht zu genau nimmt. Die Demokratie hat kein Verhältnis zur Form. Quelle aller Autorität ist die Spontanietät des Volkes; jeder Rückgriff auf die Traditionen wirkt willkürlich. Der demokratische Staat macht sich kein Bild von sich; im Staatsvolk gibt es keine Unterschiede. Das Amorphe demokratischer Politik gehört zu ihrem Wesen. Verfahren können im Interesse der Allgemeinheit unterlaufen werden. Die formelle Kommunikation in Gremien und Organen ist nur der anstrengende Sonderfall einer informellen Verständigung, die allemal dem Ganzen dient, wenn ein Kompromiß herauskommt.

Die großen Männer waren Parvenus auf dem welthistorischen Parkett, auch die Erbfürsten unter ihnen, wie Peter und Friedrich der Große. In der Demokratie besteht das gesamte politische Personal aus *homines novi.* Schafft ein Prinz es einmal, dazuzugehören, tut er gut daran, seinen Rang zu verschweigen. Kein adliger Verhaltenskodex, keine bürokratische Staatsgesinnung bietet diesen Aufsteigern Orientierung. Sie müssen selbst die Strukturen schaffen, in denen sie sich einrichten können. Gegen das Votum der Mehrheit gibt es keine Berufung; kein Argument gibt es gegen den Politiker, dem es gelingt, sich Mehrheiten zu verpflichten. Seit den Usurpatoren der Renaissance gilt die persönliche Herrschaft als instabil. Ein Staat, der sich einem Glauben oder einem Gedanken verschreibt, kann sein Interesse auf den Begriff bringen; wer seine Loyalität einem Herrn schenkt, liefert sich dessen Launen aus und muß zudem fürchten, daß er von heute auf morgen durch einen anderen ersetzt wird. In der Demokratie ist dagegen stets mit einem Wertewandel zu rechnen, der Prinzipien außer Kraft setzt. Hier sind persönliche Verbindungen dauerhafter als sachliche Gemeinsamkeiten. Es schafft Vertrauen, daß auf Wahlplakaten für die neuen Ideen das alte Gesicht wirbt. Wo eine Sache verloren ist, wenn ihre Unterstützer in die Minderheit geraten, da kann ein Politiker, der an Zuspruch verliert, sich eine neue Mehrheit suchen.

In modernen Demokratien wird nicht mehr durch das Los ermittelt, wer aus dem Volk zur Verwaltung der Angelegenheiten des Volkes berufen wird. Der Präsident der Vereinigten Staaten kann nur einmal wiedergewählt werden. Eine Ausdehnung dieses Prinzips auf die Volksvertretung begegnet dem Einwand, daß das Volk seine eigene Souveränität beschränken würde, wenn es sich das Recht nähme, einen bewährten Repräsentanten nicht zu ersetzen. An die Forderung nach »term limits« knüpft sich die Hoffnung einer Hebung des ethischen Niveaus im politischen Geschäft: Politiker, die ins bürgerliche Leben zurückkehren müßten, wären nach dieser Vorstellung nicht darauf angewiesen, um jeden Preis ihren persönlichen Vorteil zu verfolgen. Wahrscheinlich stabilisiert es hingegen die Demokratie, daß ihre moralischen Kosten den Berufspolitikern zugerechnet werden. Stellte sich unter einem Regiment der Ärzte, Anwälte und Professoren heraus, daß auch sie nicht immer sagen, was sie meinen, und nicht immer tun, was sie sagen, litte das Vertrauen in sämtliche Institutionen. Indem die Bürger die Politiker vom gewöhnlichen Sittengesetz dispensieren, dürfen sie sich einbilden, sie selber hielten sich daran. Das Grundgesetz begrenzt nur die Amtszeit des Bundespräsidenten, bei dem Machtmißbrauch am wenigsten zu befürchten ist. Alle anderen Politiker fordert es auf, an ihrer Unersetzlichkeit zu arbeiten.

Im Jahre 62 vor Christus bekleidete Caesar die Prätur, das zweithöchste Amt in der Ehrenlaufbahn der römischen Republik. Nach dem Ende seines Amtsjahres wurde er als Statthalter nach Spanien entsandt. Als er die Alpen überquerte, kam er durch ein armseliges Barbarenstädtchen. Scherzhaft fragten seine Begleiter, ob es wohl auch hier die Konkurrenz um die Ämter und den Neid unter den Mächtigen gebe. Da sagte Caesar, wie Plutarch erzählt, in vollem Ernst: »Ich wenigstens wollte lieber hier der Erste sein als in Rom der Zweite.« Helmut Kohl hat seine Karriere unter denselben Anspruch gestellt, der dem Ehrgeiz ein hohes Ziel und ein strenges Maß setzt. Er hätte sich eher auf den kleinsten Fahnenmast der Welt gesetzt, um dem Volk zu beweisen, daß er das Zeug zu Höherem habe, als einem anderen beim Aufstieg geholfen. Der Zweite mag sich nützlich machen, unabkömmlich ist er nie, denn der Erste kann ihn abberufen. Den Ersten kann allein die Geschichte ersetzen.

Heinz Korbach, der erste Landessekretär der rheinland-pfälzischen Jungen Union, lernte den fast zehn Jahre jüngeren Helmut Kohl 1947 kennen. »Wer damals mit ihm sprach und ihn nach seinen späteren politischen Absichten fragte, erfuhr unverblümt und ohne Wenn und Aber: Ich werde einmal der erste Mann in diesem Lande.« Der Wortlaut klingt authentisch; man darf annehmen, daß der Kriegsheimkehrer sich die selbstbewußten Worte des Schülers genau gemerkt hat. Alle Umschreibungen der Ambition hätten das Unschickliche einer um Jahrzehnte vorgreifenden Bewerbung um das Amt des Ministerpräsidenten nicht getilgt. Hätte der wortmächtige Plakatkleber angegeben, er wolle für sein Land tun, was in seiner Kraft stehe, hätte er die Frage provoziert, ob er sich nicht übernehme. Aber derjenige zu werden, der niemanden mehr vor sich hat: Im Bekenntnis zu diesem Ziel lag eine Frechheit, die auf den Sieg setzen mochte, weil sie sprachlos machte. Im Unverblümten des Machtwunsches spricht sich zugleich eine Art von Bescheidenheit aus, die sich nicht in Floskeln erschöpft. Nur auf die Position kommt es an, nicht auf die mit ihr verbundenen Titel, Pfründen und Annehmlichkeiten. Der erste Mann im Lande ist ein Abkömmling Friedrichs II., des ersten Dieners seines Staates – nur daß er in der Demokratie, die den Herrscher abgeschafft hat, nicht die Rolle des Dieners spielen muß. Wenn der Ehrgeiz sich nicht tarnen muß, wirkt er versachlichend. Die Politiker finden zur Gemeinsamkeit, weil sie um dieselben Posten kämpfen. Wer seinen Anspruch auf den ersten Platz nicht mit einem philosophischen Programm begründet, kann seine Mitbewerber nicht als ideologisch unzuverlässig abtun. Nur Chancengleichheit am Start macht den Sieger unangreifbar. In einem Fernsehgespräch mit Günter Gaus erklärte Kohl 1970, er traue sich das Amt des Bundeskanzlers durchaus zu, doch der Fraktionsvorsitzende Barzel sei »von seiner Position her ganz einfach dran«. Man unterstellte Kohl damals, er beschreibe den Status quo, um ihn zu untergraben; das Treuebekenntnis, das nur die faktische Situation des Älteren erwähnte, nicht dessen Leistungen, Fähigkeiten und Aussichten, las man als Variation auf die Versicherung, die Barzel am 4. Oktober 1966 namens der Fraktion abgegeben hatte, Ludwig Erhard sei und bleibe Bundeskanzler. Diese Deutung verkannte, daß Barzels Positionsvorteil Kohl echten Respekt abnötigen mußte. Wer vorne ist, ist vorne: Diese Tautologie regiert den politischen Wettstreit, sobald er auf ein Wettrennen reduziert wird. Der Erfolg spricht für sich. Der Spitzenmann ist von jedem Legitimationszwang entlastet. Er hat nur die eine Pflicht, sich an der Spitze zu behaupten.

Als Nachfolger von Barzels Nachfolger im Fraktionsvorsitz hat Kohl von 1976 an einem immensen moralischen Druck getrotzt; mehrfach schien der Sturz nahe. Daß seine Gegner ein Idealbild des in Wort und Geste beeindruckenden Oppositionsführers entwarfen, dem Kohl nicht genügte, bestärkte ihn nur darin, sich im Besitz der Macht durch Erwartungen nicht beirren zu lassen. Die Demütigungen wurden ihm zur Kraftquelle, weil sie seine Unabhängigkeit bestätigten: Daß er die Spitzenstellung verteidigte, wurde immer erstaunlicher. Man ließ ihn im Amt, weil man ihn geschwächt glaubte; aber auf den moralischen Kredit, den er verloren hatte, gab er nichts. Ihm kam es nur darauf an, für alle Fälle der Erste zu sein. Als die Union im Oktober 1982 einen Kanzler benennen mußte, war Kohl von seiner Position her ganz einfach dran.

Nach Einschätzung von Hanns Schreiner, den der Fraktionsvorsitzende der CDU im rheinland-pfälzischen Landtag 1964 zu seinem Sprecher machte, wäre Kohl nie als Minister von Mainz nach Bonn gegangen. »Das hätte seiner Maxime, lieber der Erste im zweiten Glied als der Zweite im ersten Glied zu sein, nicht entsprochen.« In Kohls Provinzialismus steckte machtökonomischer Kalkül. Den Bezirk, den er überschauen und beherrschen konnte, zog er einem Reich vor, in dem er einem anderen Augen und Hände hätte leihen müssen. Er schlug Kiesingers Angebot aus, als Innenminister in die Regierung der Großen Koalition einzutreten. »Noch lieber als Ministerpräsident von Rheinland-Pfalz wäre Kohl vielleicht Oberbürgermeister von Ludwigshafen«, vermutete 1971 sein Vertrauter in der Bonner CDU-Zentrale, der Journalist Ludolf Hermann.

Indem Kohl seinen Aktionsradius beschränkte, konnte er den ganzen Kreis der Politikfelder ausschreiten. Der Provinzfürst durfte Generalist sein. 1968, als Kohl noch mit dem »Spiegel« sprach, pries der designierte Ministerpräsident das Glück, sich nicht festlegen zu müssen. »Ich erlebe hier das ganze Tableau der Politik, nicht nur ein Stück. Deshalb hat es mich nie gereizt, Minister zu werden ...« Der Interviewer nahm den Ball auf und warf ihn in Richtung Bonn: »... sondern gleich jemand, der die Richtlinien der Politik bestimmt«. Die leise Ironie in der Schmeichelei ist dem selbstbewußten Kohl damals womöglich entgangen. War es nicht anmaßend, wenn jemand gleich die Richtlinien eines Geschäfts bestimmen wollte, das er selbst nie betrieben hatte? Glich er nicht dem Schwiegersohn, der die Leitung der Firma übernahm, ohne sich vorher in die Buchhaltung einweisen zu lassen?

Wie Pompeius sich vor dem Volk rühmte, jede Ehrenstelle früher als erwartet erlangt zu haben, so strich Kohl gerne heraus, er sei in allen Ämtern der Jüngste gewesen. Nicht zuletzt deshalb malt man sich seine Ablösung des Patriarchen Peter Altmeier leicht als überstürzte Palastrevolution aus. Klaus Dreher weist darauf hin, daß der Koadjutor, der sich selbst das Recht der Nachfolge zusprach, sich acht Jahre Zeit ließ. 1961 wurde er gegen Altmeiers Willen zum stellvertretenden Fraktionsvorsitzenden gewählt, 1969 zog er in die Staatskanzlei ein. Aber den Eindruck des unziemlichen Drängens erweckte Kohl, indem er sich als Ministerpräsident im Wartestand benahm, seit 1963 als Fraktions-, seit 1966 als Landesvorsitzender. Er dachte nicht daran, sich einbinden zu lassen und ein Ministeramt zu übernehmen, obwohl seine Förderer ihn gerne in die Schule der Verwaltung geschickt hätten. Heiner Geißler, den Kohl Altmeier als Sozialminister aufzwang, hatte diese Lektion nicht vergessen, als er im Frühjahr 1989 eine Rückkehr in die Bundesregierung ablehnte. Kohl versprach sich mehr davon, unbequeme Reformen zu befürworten als zu verantworten. Er nahm sich den Freiraum, den er drei Jahrzehnte später seinem eigenen erwählten Nachfolger Wolfgang Schäuble nicht gönnte: Als Regierungschef in Reserve verhieß er zugleich Wechsel und Kontinuität, und das Publikum sollte sowohl seine Ungeduld als auch seine Geduld bewundern. Schon neben Altmeier hatte Kohl die Richtlinien der Politik in die Zukunft ausgezogen. Daß sich hier jemand auf das Allgemeine spezialisierte, wurde nicht als Mangel an Solidität wahrgenommen, sondern als Beweglichkeit, die in bewegter Zeit erwünscht war. Die Unbestimmtheit von Kohls Visionen, die in den düsteren Anfangsjahren seiner Kanzlerschaft als Zeichen der Ratlosigkeit erschien, harmonierte in den sechziger Jahren mit einem Optimismus, der sich die Zukunft nicht zu genau vorstellen wollte.

Sozial konnte man Kohl ebensowenig lokalisieren wie geistig: Er hatte seine Ursprünge hinter sich gelassen. Der alte und der junge Mann blickten auf eine ähnliche Herkunft zurück, waren aber durch ein Lebensalter und zwei Kriege getrennt. Kohls Vater war Steuersekretär, Altmeier war der Sohn eines kleinen Funktionärs der Zentrumspartei. Der weite Weg, den der kriegsversehrte Altmeier zurückgelegt hatte, macht verständlich, daß er wie der Gründer eines Familienunternehmens seinen Platz nicht räumen wollte, solange er bei Kräften war. Der Aufstieg war in Kohls Generation keine Ausnahme mehr und begründete nicht länger moralische Rechte. Wer der Austauschbarkeit trotzen wollte, dem Schicksal des Angestellten, mußte sich wie die Gesellschaft alle Möglichkeiten offenhalten. Weder auf der Universität noch im Berufsleben hatte Kohl Qualifikationen erworben, die ihn als Fachmann auswiesen.

Die Jahre, in denen er der Landtagsfraktion vorstand, hat er als »harte Schule« bezeichnet. Er habe »unendlich viel« gelernt, »weil über den Tisch eines Fraktionsvorsitzenden im Landtag nahezu alle Probleme der Politik gehen, und wenn er daraus etwas macht, dann erfährt er einfach zwangsweise eine ungewöhnlich instruktive Ausbildung«. Der Unterricht, selbst die freiwillig belegte Staatsmannskunde in der Schule des Lebens, wird hier mit der Vorstellung des Zwangs verbunden: Bildung erscheint nicht als Chance, sondern als Schicksal des Aufsteigers, der sich einen Überblick verschaffen will. Eine ähnlich aufschlußreiche Bemerkung ließ Kohl in der Fernsehdiskussion der Parteivorsitzenden vor der Bundestagswahl 1976 fallen: Studieren solle »jedes Kind, das begabt ist, gleich wie sein Elternhaus, seine soziale Herkunft aussieht, und das bereit ist, das Opfer des Lernens zu bringen«. Das Versprechen sozialer Mobilität durch Bildung wird an eine Gegenleistung gebunden, die pathetischer nicht benannt werden könnte. Früher forderte der Staat von den jungen Männern im Ernstfall das Opfer des Lebens; paßt dasselbe Wort wirklich auf die Unbequemlichkeiten eines Universitätsstudiums?

Seinen Schulbesuch nannte Kohl 1972 im Rückblick

»eine Pflichtübung, die einfach zum Weiterkommen notwendig war«. Auf Spitzennoten hatte er es nie angelegt; dafür erfuhr er früh, daß seine Begabung die Menschenführung war. Der Klassensprecher bewährte sich nicht nur als Organisator. Vertrat er die Schüler vor der Direktion, fiel ihm oft ein unerwartetes Argument ein, das die Lehrer sprachlos machte. So soll auch Themistokles als Schüler in den Unterrichtspausen Reden ausgearbeitet haben, in denen er Kameraden verteidigte; sein Lehrer sagte ihm voraus, aus ihm werde etwas Großes – im Guten oder im Bösen. Während Themistokles sich eifrig in den Fächern betätigte, die auf das praktische Leben vorbereiteten, machte er nur zögernd mit, wenn es darum ging, sich die Anmut des gebildeten Menschen anzueignen. Die Folge war, berichtet Plutarch, »daß er später von Leuten verspottet wurde, die auf der Höhe zu sein glaubten in allem, was feine Bildung und gesellschaftlichen Schliff betraf«.

Viele von Kohls Klassenkameraden studierten Naturwissenschaften und technische Fächer. Dieses nüchterne Interesse am Faßbaren und Begreiflichen, das charakteristisch für den Abiturjahrgang 1950 gewesen sein mag, war Kohl nicht fremd, vielleicht aber eine Disziplinierung des Denkens, die den Menschen als einsamen Beobachter einer Natur gegenüberstellte, in der er nie heimisch werden durfte. Der Beamtensohn beugte sich auch nicht dem Studium der Rechte, der klassischen Schule des Staatsdienstes, in der man mit der Herrschaftstechnik den Regelgehorsam erlernte. Sein Vater war enttäuscht, daß er ihm nicht auf den Weg der Sicherheit und der Pflicht folgte. Obwohl Hans Kohl den Kreisverband der CDU Ludwigshafen mitgegründet hatte, litt er darunter, daß sein Sohn die ganze Hoffnung auf die Partei setzte. Das Beamtenethos band den Dienst am Gemeinwohl an die Fähigkeit, die eigene Person zurückzunehmen; wo es um der Sache willen geboten war, die Aufmerksamkeit der Öffentlichkeit zu wecken, mußte die Solidität der Lebensführung dem Verdacht der Wichtigtuerei vorbeugen. Den Finanzbeamten schmerzte es, daß sein Sohn durch sein lärmendes Auftreten einen Kredit verlangte, der noch durch kein persönliches Verdienst gedeckt war.

Der Student sah sich bei einigen derjenigen Fächer der philosophischen Fakultät um, die zur Kommentierung des Weltlaufs anregen und ihre Absolventen in den Stand setzen, für gute Zwecke gute Worte zu finden. 1959 wurde Kohl vom Landesverband der chemischen Industrie als Referent angestellt. Hätte er den ersten Platz im zweiten Glied nicht erreicht, wäre wohl ein Pressesprecher aus ihm geworden, dessen wolkige Rhetorik bei Gelegenheit giftige Dämpfe hätte einhüllen müssen. Als Kohl später selbst junge Leute suchte, die seine Taten der Welt erläutern sollten, griff er mit Vorliebe auf Politologen zurück, die meist im Bonner Seminar von Karl Dietrich Bracher gesessen hatten. Die Politikwissenschaft war eine Nachkriegsgründung wie die CDU, zusammengehalten nicht von einem großen Gedanken, sondern einer guten Absicht. Dem strengen Begriff zog das junge Fach die wirksame Meinung vor. Der Staat war ihm nicht nur Gegenstand der Betrachtung, sondern Objekt der Fürsorge. Karriere wurde zur ersten Bürgerpflicht.

Die von Kohl beanspruchte Allzuständigkeit trotz oder gerade wegen fehlender Fachkompetenz kam jenem Recht zur Kritik an allem und jedem sehr nahe, das seine Intimfeinde für sich reklamierten, die Intellektuellen. Die Berufspolitiker bilden wie die Intelligenz eine freischwebende Schicht, deren Mitglieder sich ihres sozialen Status nie sicher sein können. Macht respektive Aufmerksamkeit wird ihnen nur auf Zeit zuteil; Beziehungen untereinander gehen sie ad hoc ein, ohne Rückhalt an einem Standesethos. Dem Mainzer Korrespondenten der »Frankfurter Allgemeinen Zeitung« erschien der Landesvorsitzende der CDU 1967 als selbstsicherer Intellektueller, dem man ansehe, daß er einmal Universitätsassistent gewesen sei.

Als Kohl sich noch unter Geistesarbeitern bewegte, hatte er sich andersherum als Mann der Praxis in Szene gesetzt, als Botschafter aus der wirklichen Welt. Seiner politischen Erfahrung verdankte er auch die Anstellung als Forschungsassistent – nach heutigen Begriffen studentische Hilfskraft – in der Heidelberger Politologie. Er untersuchte die Auswahl der Bundestagskandidaten 1957, an der er selbst beteiligt war. Mit der Dissertation ließ er sich Zeit, besuchte noch Seminare, als er schon dem Landesvorstand seiner Partei angehörte. Erwin Faul berichtet, Kohl habe im Seminar Dolf Sternbergers den Platz gegenüber dem Professor eingenommen. Weniger durch Worte als durch Blicke kommentierte er es, wenn die Wissenschaft von der Politik zu wissenschaftlich oder zu politisch wurde. Er hielt sich für zwei Rollen bereit: Er war fähig, die Diskussion in die Hand zu nehmen, verhielt sich gerade dann schon wie der Seminarleiter, wenn er zunächst nichts sagte, aber er verkörperte zugleich eine andere Ordnung, in der am Ende nicht das Wort den Ausschlag gab. Das Universitätsseminar war ein Ort, an dem Helmut Kohl nicht der Erste sein konnte. Auf Zeit spielte er den Zweiten, weil er damit rechnete, anderswo der Erste zu werden. Ein politikwissenschaftliches Seminar, in dem

Kohl Arkana der Parteienfinanzierung offenlegte, war eine Art großer Koalition von Theorie und Praxis. Da Kohl hier wirklich der Jüngere war, konnte ihm der Part des Juniorpartners genügen.

Der Ton, in dem Kohl als Bundeskanzler einen Feldzug gegen die »Akademisierung« des Berufslebens ankündigte, verriet die gemischten Gefühle, die seinen Rückblick auf ausgedehnte Studienjahre an einer berühmten Universität in geistig bewegter Zeit bestimmten. Ihn störte an der Bevorzugung von Akademikern, die im Staatsdienst vorgeschrieben und in Unternehmen üblich war, sowie an der Angleichung nichtakademischer Ausbildungswege an das akademische Modell, daß der quasi natürliche Prozeß des Aufstiegs der Begabten und Fleißigen durch künstliche Hierarchien gehemmt wurde. Wenn er Ratschläge seines Rivalen Kurt Biedenkopf als Meinungen eines Professors abtat, sprach daraus die Verachtung einer Lebensform, die Sozialprestige aus formalen Qualifikationen zog, aus Titeln und Abschlußarbeiten. 1976 nannte er es eine »sozialistische Überlegung, daß nur das, was ein Dokument ist und ein Zertifikat und einen Stempel hat, Glück verheißt«.

Ein Landtagsmandat erhielt auch Kohl erst, als er einen akademischen Grad erworben hatte; diesen Tribut mußte er dem Fachmenschentum zollen. Daß Journalisten ihn zwei Jahrzehnte lang mit Herr Doktor Kohl anredeten, zeugte vom Überleben einer bürgerlichen Welt der Prüfungen und Berechtigungen, der er selbst innerlich nicht mehr angehörte. Der Doktortitel als Namensbestandteil, der gleichsam beglaubigt, daß der Träger durch das Studium ein neuer Mensch geworden ist, war der Kohlschen Anthropologie, die von der Konstanz der Charaktere ausging, eigentlich fremd. Als Kohl sich zur Doktorprüfung meldete, hatte er nicht alle notwendigen Scheine erworben. Seine Persönlichkeit mußte ersetzen, was er auf dem Papier nicht vorweisen konnte. Walther Peter Fuchs, der Doktorvater, erinnert sich: »Was zunächst für Helmut Kohl einnahm, war sein Auftreten. Klar und offen legte er seinen Werdegang, seine Studienleistungen und seine Absicht dar, ohne die fehlenden Testate in seinem Studienbuch zu verschweigen.« Wer sich in der Politik um Vertrauen bewarb, hatte keine Vorleistungen zu erbringen. Es war denkbar, mochte auch niemand daran zu denken gewagt haben, daß ein Student gegen einen Oberbürgermeister für einen Platz im Bezirksvorstand kandidierte. Kohl tat es 1953 und gewann mit einer Stimme Mehrheit.

Wenn er der erste Mann im Land werden wollte, durfte die CDU keine Honoratiorenpartei bleiben, denn er hatte keine gesellschaftlichen Ehren zu erwarten, die seinen politischen Ehrgeiz hätten rechtfertigen können. Solange in der Führungsschicht einer bürgerlichen Gesellschaft geistige Autorität und wirtschaftlicher Einfluß zusammenfielen, führten die Wohlhabenden und Gebildeten, Verleger oder Notare, wie selbstverständlich auch die politischen Geschäfte. Soziales Ansehen verlieh politische Legitimation: Nur wer in der Welt etwas war, konnte im Staat etwas darstellen. Mit der Demokratie scheint sich die Beschränkung der politischen Möglichkeiten durch die soziale Wirklichkeit schwer zu vertragen. Aber in die Beschränkung kam die Vorstellung zum Ausdruck, daß die Macht der Honoratioren nur geliehen war. Sie waren Treuhänder einer Schicht, die wiederum im Interesse des Ganzen zu handeln glaubte. Das bürgerliche politische Denken mißtraute jener Handlungsfreiheit, die zuerst die absoluten Fürsten für sich in Anspruch genommen hatten. Es wollte die Politik auf die Moral verpflichten, die im Alltag galt, auf Treu und Glauben, Argument und Rechenschaft. In England büßt der Bankrotteur sein Unterhausmandat ein. Wie sollte den Versuchungen der Macht widerstehen, wer keine bürgerliche Sicherheit hatte?

In der bürgerlichen Geschichtsschreibung gibt es den Typus des korrupten Ratgebers, des Spekulanten und Projektemachers, der keinen Namen und kein Vermögen hat und sein Glück am Hof machen muß. Diese Abenteurer waren die ersten Berufspolitiker. Günter Gaus porträtierte Kohl 1967 als Repräsentanten seiner Generation und möglichen Kanzler der siebziger Jahre; er charakterisierte ihn als einen Mann, der von sich selber sage, er habe Fortune. Nicht daß Kohl Glück hatte, ist bezeichnend, sondern daß er sich dieser Gabe brüstete, als wäre er ein Spieler. Die bürgerliche Ethik war auf das Gegenteil des Glücks gegründet, auf das Verdienst. Die Ehre der Honoratioren war der Zins, den die Gesellschaft für deren akkumulierte Dienste zahlte. Doch wer noch keine Zeit hatte, sich um das Vaterland verdient zu machen, erkennt im gestrigen Verdienst leicht die Entschuldigung für heutiges Nichtstun. In diesem Sinne hielt Kohl der CDU 1955 auf dem Landesparteitag in Ludwigshafen vor, zehn Jahre nach Kriegsende habe sie »Elan« und »Dynamik« verloren. Die »Laxheit«, die der stellvertretende Landesvorsitzende der Jungen Union beklagte, brachte er auf einen soziologischen Begriff: Es sei »so etwas eingetreten wie eine Verbürgerlichung unserer Partei«. Mancher der 350 Delegierten mag bei sich gedacht haben, daß der Bürgerschreck doch besser bei der SPD Radau machen solle. Schwang in der Rede auf heimatlichem Boden nicht womöglich Bewunderung mit für Disziplin und Enthusiasmus der in Ludwigshafen so mächtigen Partei der Arbeiterbewegung? Wer eine Versammlung der Sozialdemokraten besuchte, trat in eine Gegenwelt zu den herrschenden Verhältnissen ein. Insofern die CDU eine bürgerliche Partei sein wollte, hatte sie keinen Grund, durch Rituale der Kommunikation ihre Distanz zur Gesellschaft zu markieren.

Kohl beschwerte sich über den Zeitplan des Parteitags: Obwohl Landtagswahlen bevorstanden, sollten »in nur zwölf Arbeitsstunden alle Probleme endgültig und einigermaßen schlüssig« gelöst werden. Sieht eine Partei ihre Aufgabe darin, die Ordnung der Dinge zu erhalten, wird ihr Diskussionsbedarf begrenzt sein. Es liegt ihr nichts daran, die Aufregung der Gründerjahre künstlich zu verlängern; das erste Bürgerrecht ist Ruhe. Wird dagegen die Bewegung zum Ideal erhoben und die Stille als Krisenzeichen gedeutet, sind die Tage der Honoratiorenpolitik gezählt. Die permanente Diskussion kann man nicht im Nebenamt leiten. Je mehr Zeit die Politik fordert, desto weniger nützen die Erfahrungen in einem ordentlichen Beruf. So machte sich schon der junge Parteirebell, der bei den Vorstandswahlen in Ludwigshafen Adenauers Familienminister Wuermeling herausforderte, die Sache der Partei zu eigen. Er vertrat die Logik eines Apparats, der noch fast gar nicht existierte, und damit den Eigensinn der Politik gegenüber philosophischen Vorurteilen, konfessionellen Rücksichten und ökonomischen Interessen.

Kohls Forderung, die Mitgliederwerbung zu verstärken, war geeignet, im Namen der Annäherung von Regierenden und Regierten die Autonomie der Partei zu befördern. Daß nur ein geringer Anteil der CDU-Wähler daran dachte, in die Organisation einzutreten, war bedenklich allein im Lichte eines emphatischen Politikbegriffs, der den ganzen Einsatz des ganzen Menschen verlangte. Solon erließ ein Gesetz, das demjenigen Athener das Bürgerrecht aberkannte, der sich bei einem Bürgerzwist keiner Partei anschloß. In Seminaren der politischen Wissenschaft mochte man glauben, das Gelingen der zweiten deutschen Demokratie hänge von der republikanischen Tugend der Bürger ab. Sah man die Politik hingegen nicht als Lebensinhalt, erwartete man von ihr nicht mehr als die Gewährleistung bestimmter rechtlicher Verhältnisse, dann mußte man einer Partei nicht beitreten, die man durch die Wählerstimme an der Macht halten konnte. Kohl bezeichnete den niedrigen Mitgliederstand als »Gefahr für die sogenannte innerparteiliche Demokratie«. Dem informellen Konsens, der die Verteilung von Pfründen trägt, wo man sich kennt, sprach er implizit die demokratische Legitimität ab. Auch innerhalb der Partei sollte Macht nur durch Wahlen vergeben werden. Je mehr Mitglieder gewonnen wurden, desto weniger fiel ins Gewicht, was jemand in seinem Leben vor und außerhalb der Partei zustande gebracht hatte. Erst in der Partei lernte man sich kennen, in den Gremien und Arbeitskreisen, die der Masse Form gaben. Nicht länger rechtfertigte gesellschaftliches Ansehen die Übertragung politischer Verantwortung. Umgekehrt brachte die politische Tätigkeit einen neuen sozialen Typus hervor. Die sogenannte innerparteiliche Demokratie brauchte den hauptamtlichen Funktionär.

Das Bewußtsein eilte den Tatsachen voraus. Lange konnte die Partei den Aktivisten, die alles für sie gaben, noch nicht alles zurückzahlen. Kohl kündigte beim Chemieverband erst, als er zum Ministerpräsidenten gewählt wurde. 1960 hatte der Südwestfunk in einer

Sendereihe über junge Landtagsabgeordnete auch Kohl zehn Minuten lang zu Wort kommen lassen. Der Dreißigjährige, der gerade ein Jahr vorher seine erste ordentliche Stelle angetreten hatte, beklagte, daß die Abgeordneten »in ihrer Freizeit« ihrem Beruf nachgehen müßten. Es wäre zu wünschen, daß sie sich »voll und ganz den zahlreichen Aufgaben widmen könnten«, die sich aus »der Verpflichtung gegenüber der gesamten Bevölkerung« ergäben. Nicht erst der Fraktionsvorsitzende oder Regierungschef erhielt eine Generalvollmacht, jeder Abgeordnete hatte den Auftrag, sich überall um alles zu kümmern. Hier artikulierte sich ein expansiver Politikbegriff, der keine unpolitischen Räume anerkannte, ein Imperialismus des guten Willens. Der Politiker braucht Platz, um sich auszudehnen: Das ganze Deutschland soll es sein, dem er seine ganze Kraft widmet, oder zunächst einmal das ganze Rheinland-Pfalz.

Die Bürger, die ihren Beruf nicht zur Nebenbeschäftigung machen dürfen, können der Politik nicht ihre ungeteilte Aufmerksamkeit schenken. Die modernen Republiken unterscheidet von den antiken, daß die Bürger nicht mehr die Muße haben, sich täglich auf dem Forum zu versammeln. Für den Politiker, der dieser Arbeitsteilung seinen Beruf verdankt, liegt eine Kränkung darin, daß man im Volk als Nebensache betrachtet, was ihm Lebensinhalt ist. Die Radiohörer mußten sich von Kohl sagen lassen, »daß leider viel zu wenig Mitbürger Anteil nehmen an der Tätigkeit der Landesregierung, der Verwaltung und des Parlamentes«. Nur »dramatische Ereignisse« wie der Streit um Adenauers Gründung eines Bundesfernsehens weckten »das Interesse an Politik auch in breiteren Schichten der Bevölkerung«. Aber selbst der Held durfte sich der

Anteilnahme seiner Mitmenschen nicht sicher sein. 1953 hatte Kohl als Abgesandter der Jungen Union eine Sitzung der Bundestagsfraktion besucht. Ihn schokkierte, daß sich Abgeordnete während der Rede von Bundeswirtschaftsminister Erhard unterhielten: Diesen Mangel an Respekt vor historischer Größe hatte der Geschichtsstudent nicht erwartet.

Als Oppositionsführer bemühte sich Kohl in den siebziger Jahren nicht ohne Erfolg, den Eindruck zu vermitteln, Politik sei für ihn nicht alles. Taktische Erwägungen, die die Lage der Union nahelegte, trafen zusammen mit einem Stimmungswandel in der Wählerschaft. Die CDU konnte es kaum fassen, als sie 1969 die Macht verlor. Die Politik wurde plötzlich zur Sache der Gegenseite, und man mußte sich etwas anderes einfallen lassen. Es schlug die Stunde der Programmatiker. Kurt Biedenkopf und Heiner Geißler – beide wurden von Kohl entdeckt, gefördert, emporgehoben und fallengelassen. John Stuart Mill hat die Tories die »stupid party« genannt. Dem Philosophen, der alle Institutionen auf ihre Nützlichkeit prüfte, mußte es als Symptom geistiger Trägheit erscheinen, daß die Verteidiger von Königin, Adel und Kirche gar kein Bedürfnis spürten, sich intellektuell zu rechtfertigen. Man kann es auch Schlauheit nennen, daß sie sich keiner Debatte stellten, solange sie die Wahlen gewannen. Die Erneuerung der CDU nach 1969 hatte manches mit jener »Tory Democracy« gemein, die Benjamin Disraeli und Lord Randolph Churchill nach dem Verlust der natürlichen Mehrheit der Konservativen erfanden. Eine Oppositionspartei braucht zweierlei, was die Regierung nicht nötig hat, der die Menschen nachlaufen und die Aufgaben zufallen: eine Organisation und eine Ideologie. Biedenkopf und Geißler wie Disraeli und Churchill warben mit neuen Methoden und neuen Wörtern um neue Wählerschichten. Kohl war für diese Doppelstrategie bestens vorbereitet. Seit er als Student den pfälzischen Frieden gestört hatte, hatte er einer Modernisierung das Wort geredet, durch welche die Partei so schlagkräftig wie schlagfertig werden sollte.

Problem und Lösung zogen sich für Kohl im Begriff der »Masse« zusammen. Auf dem Bundesparteitag in Hannover ging er 1964 mit dem Fortgang der Parteireform ins Gericht. Die »Organisation der CDU« sei weithin »über die Situation einer Wählervereinigung« noch nicht hinausgekommen. Es fehlten Leitlinien für die Zeit jenseits der laufenden Legislaturperiode, man scheue die kontroverse Diskussion mit Wissenschaftlern und Schriftstellern. Den »Fragen unserer modernen Massengesellschaft« dürfe die Union nicht ausweichen. Nachdem er zum Landesvorsitzenden und zum Mitglied im Bundesvorstand gewählt worden war, vermißte er immer noch die lebendige Diskussion als Ausweis geistiger Freiheit. In einer zweistündigen Rede vor christlich-demokratischen Studenten in Saarbrücken gab er im Juni 1967 einen Rückblick auf die Parteigeschichte und deutete den Tod Adenauers als Ende der Nachkriegszeit. Die Zukunft der CDU liege in der Entfaltung zu einer »modernen Massenpartei«, die geschickt mit dem Instrumentarium der öffentlichen Meinung operieren müsse. Moderne und Masse gehörten zusammen in der Sprache einer kulturkritischen Soziologie, die in der Gegenwart überall Nivellierung und Orientierungslosigkeit wahrnahm. Unter dem Zug zur Masse faßte Kohl auch Phänomene, die auf Raumgewinn der Individuen deuteten, die Strafrechtsreform, den Fortschritt der Medizin und den Rückgang des Einflusses der Kirchen. Um so bemerkenswerter ist es, daß er die Massenherrschaft nicht zum Verhängnis stilisierte. Die Masse könnt ihr nur durch Masse zwingen: Nüchtern stellte Kohl fest, daß die Massengesellschaft die Massenpartei brauchte. In einer Welt von Großorganisationen war auch die Politik Sache des allgegenwärtigen Verbandes, der sich nicht als Traditionskompanie oder Interessenvertretung den eigenen Spielraum nehmen durfte. Die Partei sollte sich nicht gegen die Bewegung der Gesellschaft stemmen, sondern mit der Zeit gehen.

Die Kehrseite der Medaille, auf der die Soziologie die Parole vom unaufhaltsamen Vormarsch der Masse eingraviert hat, zeigt den lorbeerbekrönten Kopf ihres Bezwingers. Für Max Weber spitzte sich im Zeitalter der »aktiven Massendemokratisierung« das Problem der »Führer-Auslese« zu, und schon Nietzsche hatte in den »Massen« das »Werkzeug« der »großen Männer« gesehen. Wenn Kohl sich in den Gremien zur Führungsfrage äußerte, beschrieb er eine Entfremdung zwischen der Partei und der Bevölkerung, die Personalentscheidungen einen Signalcharakter zumaß, der sich mit dem herkömmlichen Auswahlverfahren hinter verschlossenen Türen schlecht vertrug. Die »steigende Führungslosigkeit« datierte Kohl von der Präsidentschaftskandidatur Adenauers, die dem Publikum nicht hatte plausibel gemacht werden können. In der Aussprache im Bundesvorstand, die den Sturz Erhards einleitete, stellte Kohl die Frage, ob die CDU in der Lage sei, »ihre Führungspotenzen, die sie zweifellos hat, so zusammenzufassen, daß sie die dynamische Führungskraft der deutschen Politik bleibt«. Führung in der Massendemokratie ist danach die Herstellung und Darstellung von Einheit.

Im fröhlichen Bild der bewegten, aber nie aus dem

Takt geratenden Massenpartei fallen diese beiden Aufgaben, Wort und Tat, zusammen: Einigkeit entsteht im permanenten Gespräch. Nach der Ablösung der Regierung Kiesinger gab der Ministerpräsident von Rheinland-Pfalz so viele Interviews, daß die »Zeit« ihn ironisch fragte, ob er mit dieser Serie ein Führungsvakuum füllen wolle. In der Tat war es seine Führungsmethode, Worte zu machen. Damals schrieb man ihm noch ein ungewöhnliches Rednertalent zu; seine Lieblingsbeschäftigung war nach dem Eindruck des Mainzer Korrespondenten der »Frankfurter Allgemeinen Zeitung« die intellektuelle Diskussion im Kaffeehaus. Wirklich hatte er von den Intellektuellen die Kunst gelernt, Begriffe zu setzen, um Tatsachen zu schaffen. Indem er jahrelang den Diskussionsbedarf beschwor, erzeugte und vergrößerte er ihn. Er provozierte seine Parteifreunde, um dann die erregten Gemüter selbst wieder zu beruhigen. In seinen Analysen des Zustands der Partei blieben die sachlichen Ziele der Absicht des Machterhalts respektive Machtgewinns untergeordnet; bei seinen Fürsprechern in der liberalen Publizistik stieß dieses strategische Denken nicht auf Kritik, weil es als Beweis intellektueller Beweglichkeit gelten konnte.

Die CDU, die Helmut Kohl entworfen hat, hält sich nicht zu Unrecht einiges auf ihre Modernität zugute. Sie hat die Lehre der neuzeitlichen Geschichte verinnerlicht, daß die Veränderung der Normalzustand ist. Kohl beschrieb die CDU gerne mit einem nautischen Bild, für das er sich auf Lincoln berief: »Sie sieht nicht wie ein elegantes Segelschiff aus, das über die Meere dahinjagt, aber am ersten Riff, auf das es aufläuft, sofort sinkt. Die Partei ähnelt vielmehr einem Floß, auf dem man manchmal bis zum Bauch im Wasser steht.

Aber das Floß ist unsinkbar. Und darauf kommt es an!« Der trotzige Überlebenswille sollte das Pathos der Endlichkeit in dieser Metapher nicht übertönen. Wer auf einem Floß fährt, sucht seinen Weg in einer Welt der transzendentalen Obdachlosigkeit. Alles an seinem Gefährt ist Notbehelf. Es ist ein ewiges Provisorium. Das Floß ist das Emblem einer skeptischen Moderne, die bezweifelt, daß der Mensch je festen Boden unter den Füßen gewinnen wird. In »Die Sorge geht über den Fluß«, einem Breviarium der Gelassenheit aus den frühen Jahren von Kohls Kanzlerschaft, zitierte Hans Blumenberg den Philosophen Otto Neurath: »Wie Schiffer sind wir, die ihr Schiff auf offener See umbauen müssen, ohne es jemals in einem Dock zerlegen und aus besten Bestandteilen neu errichten zu können.« Ganz so unbehaglich erschien Kohl die Lage seiner Mannschaft nicht. Er behauptete, wie Adenauer dem Anblick des Rheintals die Gewißheit zu verdanken, daß die Dinge die richtige Richtung nahmen: Die CDU befuhr nicht das Meer, sondern einen Fluß.

Streit über den Kurs gab es trotzdem. Während auf anderen Flößen die Lebensgefahr absoluten Gehorsam erzwingt, sagte Kohl von sich, er habe als Kapitän »keine Kommandogewalt, ich muß überzeugen, und das ist eine mühsame Sache«. In der Regel mußten die Matrosen einsehen, daß es sinnvoll war, mit dem Strom zu schwimmen. Wer im Fluß nicht untergehen will, braucht eine Identität, die so stabil ist, daß sie ihn trägt, und so leicht, daß er sich treiben lassen kann. Die CDU weiß nicht genau, wohin ihre Reise geht, und will nicht mehr zu genau wissen, wo sie herkommt. An ihrem Willen zur Selbsterhaltung läßt sie keinen Zweifel aufkommen. Als überall in der Bundesrepublik Zöpfe abgeschnitten und Altbauten abgerissen wurden, pries

Kohl seine Partei wegen ihrer Traditionslosigkeit an. Höhnisch hob er sie 1968 von der SPD ab: »Uns hemmt keine hundertjährige Geschichte, wir müssen uns nicht kümmern um die Jahresringe alter Funktionäre.« Hier wurde das Bild der Partei zum Selbstporträt: Wer nichts hinter sich wußte, hatte alles noch vor sich.

Gegenüber dem »Bayernkurier« äußerte sich Kohl 1967 zum Begriff der christlichen Politik. Als er merkte, daß die Rede vom »Dienst gegenüber jedermann« nicht zur Abgrenzung von den »Sozialisten« taugte, versuchte er noch einmal, »die Grundlage des für uns verbindlichen Systems« zu bestimmen. »Man kann es salopp ausdrücken, wenn man vielleicht sagt, daß unser Koordinatensystem, in dem wir die Landschaft durchfahren und durchfliegen, durcheilen und durchlaufen, durch das ›C‹ justiert ist.« Man mag fragen, wieso die geometrische Metapher ein salopper Ausdruck sein soll. Man darf aber auch fragen, wie die Metapher gemeint ist. Durchfährt man die Landschaft wirklich in einem Koordinatensystem und nicht in einem Automobil? Schaffen die Koordinaten nicht ein Raster, in dem man die Bewegungen des Fahrzeugs festhalten kann, wie erratisch sie auch sein mögen? Wohin die Reise ging, war dem Sprecher wohl nicht deutlich; am ehesten entfernte man sich vom C im Zentrum des Koordinatensystems. Hauptsache, man fuhr und flog, eilte und fuhr so schnell wie möglich. Im Zweifelsfall galt: Augen zu und durch.

Der Barbar, der sich seiner Jugendkraft brüstete, sollte im gesetzten Alter Klage über die Geschichtslosigkeit seiner Stammesbrüder führen. Einstweilen ging er mit Riesenschritten der Zukunft entgegen, weil ihn keine Herkunft festhielt. In den langen pfälzischen Lehrjahren hatte er die Rolle des kommenden Mannes eingeübt. Ironischerweise kam ihm die Unbeweglichkeit der Verhältnisse zugute, unter der er zu leiden vorgab. Wenn Anciennität nichts mehr gilt und der neue Name als Zauberwort jedes alte Versprechen löscht, dann stürzen Nachfolgekandidaten so schnell, wie sie aufgestiegen sind. Kohl genoß die Vorteile beider moralischer Welten: Er blieb immer jung und besaß irgendwann alte Rechte. So stand er mit einem Bein in der Gegenwart und mit dem anderen schon in der Zukunft. Niederlagen durfte er in Kauf nehmen, solange man ihnen ablas, daß seine Zeit noch nicht gekommen war. Er konnte den Parteioberen die Unverbindlichkeit ihrer Verlautbarungen vorwerfen; drückte er selbst sich unscharf aus, war das ein kluger Verzicht auf vorzeitige Festlegungen. Seine Einlassungen zur Lage der Partei waren nicht so deutlich, wie sie klangen. Es war nie verkehrt, eine Verbesserung der Organisation und eine Erneuerung des Programms einzuklagen; beide Forderungen liefen auf eine Auffrischung des Bildes der Partei hinaus, gegen die niemand etwas einwenden konnte. Wenn er solche Gemeinplätze äußerte, dachte er das Undenkbare, die Möglichkeit des Machtverlusts, ohne es herbeizureden. Beizeiten sollte man sich des Mahners erinnern.

Als Kohl 1971 dem Fraktionsvorsitzenden Barzel den Parteivorsitz streitig machte, trat er als Modernisierer an, der sich auf nichts verpflichtet hatte. Umkämpft war nicht die Seele, sondern das Gesicht der Partei. Er weigerte sich, auf einen Begriff zu bringen, was ihn von Barzel unterschied. Einen »eigenen Stil« nahm er für sich in Anspruch, der für sich selber sprechen sollte. Die Führungsfrage stellte Kohl als Kommunikationsproblem hin: »Die Partei begreife ich als eine offene, zur Diskussion bereite politische Gemeinschaft, deren Handlungsfähigkeit entscheidend von der Bereitschaft zur Mitarbeit abhängt. Dies setzt möglichst viel Transparenz und möglichst viel Kommunikation von oben nach unten, von unten nach oben voraus.« Wie mochte der Stil des Gegners aussehen? Geheimsitzungen, Machtsprüche, einsame Entscheidungen. Kohl bewarb sich um den Vorsitz der Partei, strebte nicht in die Fraktion. Sein leuchtendes Bild von der Partei als der freien Assoziation der Vernünftigen rückte die Fraktion in den Schatten, deren Handlungsfähigkeit auch davon abhing, daß Diskussionen beendet wurden und mancher seine Bereitschaft zur Mitarbeit zurückstellte. Die neue Ostpolitik stellte die Einigkeit der Opposition auf die Probe. Staatsräson und Parteiräson wollten bedacht sein, außenpolitische und innenpolitische Folgen der Verhandlungen. Es verwundert nicht, daß der Fraktionsvorsitzende in dieser diffizilen Lage nicht mit allen über alles kommunizieren konnte.

1969 war Kohl zum Vorsitzenden einer Kommission bestimmt worden, die das Programm der CDU überarbeiten sollte. Er konnte die von ihm redigierte »Deidesheimer Fassung« im Bundesvorstand nicht durchsetzen, wo man »Soziologensprache« und »Intellektualismus« rügte. Das Befremden galt weniger dem Inhalt des Programms als dem Umstand, daß dieser Inhalt so leicht nicht auszumachen war. Die Partei wurde aufgefordert, sich an gesellschaftspolitischen Zielvorgaben hoher Allgemeinheit auszurichten, deren Konkretisierung sich in permanenter Diskussion ergeben sollte. Die Überarbeitung durch den Vorstand rückte die klassische Sphäre der definierten Interessen und begrenzten Optionen wieder an den Anfang: die Außenpolitik. Eine der Deidesheimer Prägungen blieb erhalten, die »moderne Volkspartei«, die in Kohls Analysen an die Stelle der modernen Massenpartei trat. Die Korrektur war kein Euphemismus: Das Volk, wie Kohl es sich vorstellte, war in Interessengruppen, Landsmannschaften und andere Personenverbände vielfältig gegliedert, wo in der Masse alles eins war. Gleichwohl blieben Parteivolk und Staatsvolk in Kohls Wahrnehmung zu jener spontanen Willensbildung fähig, die bürgerliche Beobachter an der Masse faszinierte. Wie der Wahlkämpfer Kraft aus dem Bad in der Menge schöpfte, so regenerierte sich die Partei, wenn sie mit dem Volk verschmolz. Kohls Bemühungen um die Identität der CDU setzten nicht auf Definition, sondern auf Entgrenzung. Was die Partei will, muß so allgemein wie möglich formuliert werden, damit möglichst viele es ebenfalls wollen. Kohl trieb die Programmarbeit voran, wenn sie Barrieren niederzulegen und Horizonte zu erweitern versprach; er ließ sie leerlaufen, wenn sie Gräben auszuheben und Hürden aufzurichten drohte. Die Mitte, in der er seine Partei lokalisierte, scheint ein unmöglicher Ort, soll doch rechts von ihr nichts mehr sein. Dennoch kann man sich diese Utopie räumlich vorstellen: Sie ist der Platz, wo die Menschen von selbst zusammenlaufen. Es gehört Eigensinn, Mißmut oder Arroganz dazu, sich von der Menge abzusetzen und die Ränder aufzusuchen. Die Richtungsdebatten in Kohls Union blieben folgenlos, weil er nicht bereit war, diesen Platz zu räumen oder auch nur einzuzäunen. Er enttäuschte die Konservativen, die die Ankündigung einer geistig-moralischen Wende als politischen Marschbefehl mißverstanden, und er entzog den Progressiven seinen Schutz, sobald sie den Wandel der sozialen Landschaft zu genau beschrieben. Die Gründung einer vierten Partei konnte er schon deshalb nicht billigen, weil die CDU sich neben einer bundesweit operierenden CSU als liberalkonservative Richtungspartei hätte in Stellung bringen müssen. Mancher Intellektuelle bewunderte von ferne Franz Josef Strauß, den Virtuosen der maßlosen Zuspitzung. Man übersah, daß auch Kohl die Anstrengung des Begriffs auf sich nahm, nur daß seine Energie dahin ging, alle Kanten der Worte abzuschleifen. Die Gesprächstherapie, die er seiner Partei verschrieb, sah anderen Modellen der Integration durch Kommunikation, die in den siebziger Jahren Mode wurden, zum Verwechseln ähnlich. Den Philosophen hatte der Veteran der Gremienkriege freilich die Erfahrung voraus, daß es selten Argumente sind, die Konsens stiften. Einverständnis stellt sich durch Erschöpfung her; dem Bruch zieht man den Formelkompromiß und die Absichtserklärung vor.

Daß Kohl 1981 erklärte, für ihn sei die Partei kein Palaver-Club und er werde nicht zulassen, daß sich daran etwas ändere, darf man nicht wörtlich verstehen, sondern als weiteren Beitrag zum Palaver. Der Schriftsteller Eckhard Henscheid, der in seinen Erzählwerken mit der schöpferischen Kraft der deregulierten Sprache experimentiert, hat Kohl seine Anerkennung für eine Rhetorik ausgesprochen, die Wirkung durch den Bruch aller Kunstregeln erzielte, durch die schiere Wucht der Worte: »Es kommt ja nicht immer auf den Glanz von Formulierungen an, sondern auch darauf, daß einer zuweilen zwei bis drei Stunden palavert.« Kohl war dafür verantwortlich, daß die Partei weit mehr Mitglieder aufnahm, als sie Ämter zu vergeben hatte. Was sollten sie anderes tun als reden? In der CDU gab es keine Tradition des Chorgesangs oder der gemeinsamen Leibesübung. Daß die Parteipolitik Menschen anzieht, die sich gerne reden hören, ist nicht verwunderlich. Seltsamer ist es schon, daß sich so viele Menschen finden, die andere Leute gerne reden hören. Jede Parteigliederung faßt mehr Beschlüsse, als sie umsetzen kann. Würde sie alle umsetzen, könnte sie weniger fassen. Denn die Umsetzung stiftet Zwietracht, doch bei der Beschlußfassung ist man sich einig. Der Sinn vieler Tischvorlagen, Resolutionen und Aktionspläne ist also, daß nichts aus ihnen folgt. Gleichwohl dürfte der Satz, die CDU sei kein Palaver-Club, auf jeder Clubsitzung beifälliges Trommeln auslösen.

Die Selbsthypnose, die die triste Wahrheit der Zweckfreiheit des eigenen Handelns auszublenden erlaubt, ist eine der wichtigsten Fertigkeiten des Politikers. Wenn Kohl nach dem Geheimnis seines Erfolgs gefragt wurde, zitierte er mit Behagen Johannes XXIII., der beim Blick in den Spiegel zu sich gesagt haben soll: »Giovanni, nimm dich nicht so ernst.« In Wirklichkeit dürfte seine Beharrungskraft gerade aus seiner Fähigkeit zu erklären sein, sich ohne Einschränkung ernst zu nehmen. Ein Volksvertreter, der zu seiner Rolle ironische Distanz wahrt, weckt kein Vertrauen. Da in der Demokratie ohnehin jeder Gewählte austauschbar ist, muß der Politiker demonstrieren, daß wenigstens er selbst sich für unentbehrlich hält. Wie sollen Arbeitskreisleiter und Ortsbezirksvorsitzende in verrauchten Kneipen und auf verregneten Plätzen durchhalten, wenn sich nicht einmal der Parteivorsitzende sicher ist, ob Ruhm soviel Unbequemlichkeit lohnt? Unter Kohls Konkurrenten wurde Ernst Albrecht dadurch gehemmt, daß ihm wegen seiner philosophischen Anwandlungen nicht die letzte Entschlossenheit zugetraut wurde; und als Kohls Finanzminister Theo Waigel im Sommer 1997 in einem Fernsehinterview enthüllte, daß er gerne eine angenehmere Tätigkeit annähme, zog er nicht nur Spott, sondern auch Zorn auf sich. Es gehört sich nicht, daß ein Minister zu verstehen gibt, nicht das Volk erweise ihm eine Ehre, indem es ihm seine Sache anvertraut, sondern er tue dem Volk einen Gefallen. Mit seiner Plauderei in Ferienlaune folgte Waigel zwar dem Vorbild seines Chefs, der, zumal zu Urlaubszeiten, in lockerer Kleidung und Stimmung dem Volk seine Befindlichkeiten darzulegen liebte. Aber bei Kohl stellte sich immer heraus, daß er sein Amt beim Baden genauso wichtig nahm wie im Bundestag.

Es ist bemerkenswert, daß sich Kohl zum Ausdruck seiner Bescheidenheit auf einen Papst berief. Der Nachfolger Petri ist zuständig für die Seelsorge aller Menschen: Ein ernsteres Amt gibt es nicht auf Erden, unter den Generalisten ist der Papst der Weltmarschall. Er hat keinen irdischen Richter über sich und muß in den Spiegel blicken, um jemandem von gleich zu gleich in die Augen zu sehen. Der Nachfolger Adenauers faßte seine Aufgabe gleichfalls als universales Hirtenamt auf. Er war ein Menschenfischer, der ein Heil versprach, das er nur in Formeln umschreiben konnte. Wenn er vor der Welt über die Last seines Amtes meditierte, unterstellte ihm niemand, er wolle sie abwerfen. Seine Demut bewies, daß er der Pflicht gewachsen war. Die Letzten werden die Ersten sein: Er war der Diener der Diener der guten Sache. Wie die Kirche, das pilgernde Gottesvolk, mit irdischen Waffen für das Himmelreich kämpft, so will die Partei ewigen Werten Geltung in der Zeit verschaffen.

Die überschießende Erwartung wird immer wieder von der Erfahrung des Unvollkommenen eingeholt. Zum Stachel im Fleisch wird diese vorhersehbare Enttäuschung, wenn der Dualismus institutionelle Gestalt erhält, wenn *imperium* und *sacerdotium* auf verschiedene Schultern verteilt werden. Der Inhaber des weltlichen Schwerts führt die Truppe und sichert das Terrain, der Hüter des geistlichen Schwerts wacht über die Lehre und blickt voraus. Als Kohl 1970 gefragt wurde, ob Kanzlerschaft und Parteivorsitz künftig wieder zusammengeführt werden sollten, wandte er sich dagegen, diese Frage zu »dogmatisieren«. Die theologische Redewendung ist charakteristisch für ein Prozeßdenken, das sich weniger durch den Buchstaben als durch den Geist des zweiten Vatikanischen Konzils inspirieren ließ. Das von Johannes XXIII. verkündete »aggiornamento« sollte sich Tag für Tag in einem ewigen Palaver erneuern. Die Kritik des Dogmas in Glaubensdingen rechtfertigte den Zweifel an allen festen Ansichten in Meinungsfragen; auch Erfahrungsregeln, um die es in Organisationsfragen allenfalls gehen kann, wurden dubios. An die Stelle des Glaubenssatzes, aber eben auch der bis zum Beweis des Gegenteils für wahr gehaltenen Hypothese trat ein Prozeß der Konsensbildung, in dem die Durchsetzungschance einer Behauptung davon abhing, von wem und wann sie geäußert wurde. In diesem Sinne erklärte Kohl, die Koordination der Spitzenämter sei »zum Teil eine Personalfrage oder eine Frage, die situationsgebunden sein kann«. Hier verdoppelte die Wortwahl das Denken des Unverbindlichen: Nicht nur zum Teil war die Strukturfrage für Kohl eine Sache der richtigen Personen und des richtigen Moments, sondern ganz und gar. Wenige Monate später trat die Situation ein: Kohl bewarb sich nur um den Parteivorsitz, nicht um die Kanzlerkandidatur. Als der Saarbrücker Parteitag am 4. Oktober 1971 Barzel mit Zweidrittelmehrheit zum Vorsitzenden wählte, war die Ablehnung der von Kohl vorgeschlagenen Ämterteilung auch ein Votum gegen die

Trennung von Theorie und Praxis, Planspielen und Parlamentsarbeit. Die Delegierten entschieden sich im Sinne von Kohls eigener Forderung in der Krise von 1966 für die einheitliche Führung, bekräftigten noch einmal den Primat der Handlungsfähigkeit gegenüber der Kommunikation.

Aber Barzel einte die Partei weder in der Sache noch hinter seiner Person. Bei der Abstimmung über die Ostverträge enthielt sich die Fraktion, weil sie sich nicht entscheiden konnte, beim konstruktiven Mißtrauensvotum brachten Abweichler den Kandidaten zu Fall. Der doppelten Blamage folgte die Niederlage bei der Bundestagswahl, die die Union von der Illusion befreite, sie müsse sich zur jederzeitigen Übernahme der Regierungsverantwortung bereit halten. Den Sturz ins Nichts mußte das doppelte Netz verhindern, an dem Kohl und seine Verbündeten geduldig gestrickt hatten, während die Bonner Artisten ihre Drahtseilakte vorführten: Programmatik und Organisation. »Eine Strategie für die Opposition« entwarf Kurt Biedenkopf, der von Kohl als Generalsekretär ausersehene Wissenschaftler und Manager, in den Spalten der regierungsnahen »Zeit«, also auf dem Terrain des Gegners, den man mit dessen eigenen Waffen zu schlagen gedachte, durch die Verbreitung einer »politischen Philosophie«. Biedenkopf forderte ein »Zurück zu den Grundsätzen« und »mehr Spielraum für die Partei«.

Der Ausbau des Parteiapparates sollte die materielle Basis für die geistige Herrschaft der Partei über die Fraktion schaffen. Für »unerläßlich« erklärte der Stratege die Trennung von Fraktionsvorsitz und Parteivorsitz. Kohl, der frühestens 1976 in den Bundestag gewählt werden konnte, empfahl sich erneut als Advokat der innerparteilichen Gewaltenteilung. Aber unter den

Händen seines philosophischen Ratgebers verwandelte sich die pragmatische Maßregel in ein Dogma. Die Unzulässigkeit der Personalunion war für den Gelehrten, den Parteigänger der Objektivität, »eine Sachfrage, nicht eine Personalfrage«. Biedenkopf erzählt, das Gespräch bei Kaffee und Kuchen, in dem Kohl ihn als Generalsekretär verpflichtet habe, sei »interessant, aber oberflächlich« gewesen. Er möchte womöglich bis heute nicht anerkennen, daß Kohl stark war, weil er sich an der Oberfläche zu halten verstand. Wer in die Tiefe dringt, schlägt Wurzeln, wirft den Anker aus oder gräbt sich ein; Kohl vermied es, sich mit einer Sache so intensiv zu beschäftigen, daß er sich aus intellektueller Redlichkeit auf ein bestimmtes Vorgehen festlegen mußte. Der Wissenschaftler glaubt, daß mit dem Wissen die Freiheit wächst; zumal in den siebziger Jahren gewann dieser Glaube Anhänger. Der Politiker will gar nicht alle Informationen haben, damit sie seine Optionen nicht einschränken. Kohl, der sich rühmte, er lese Menschen wie andere Leute Bücher, zog dem Aktenstudium die mündliche Unterrichtung vor. Er mußte sich nicht auf eigene Verantwortung ein letztes Urteil über die Dinge bilden. Sein Wissen blieb unverbindlich, weil es von der Verläßlichkeit des Gewährsmanns abhing. Mußte es korrigiert werden, konnte der Fehler der Subjektivität des Informanten zugeschrieben werden. Schon aus diesem Grund war für Kohl jede Sachfrage eine Personalfrage.

Seit Kohl den Vorsitz der Bundestagsfraktion übernommen hatte, vereinigte er in seiner Hand die Kontrolle der parlamentarischen Partei und die Führung der Partei draußen im Lande. Schon als sein Vordenker die Ämtertrennung als unerläßlich ausgab, hatte er wohl den Hintergedanken, sie zurückzunehmen. Auch den Mainzer Landesvorsitz hatte er als Ministerpräsident ja nicht aufgegeben. Er stellte in Bonn die Verhältnisse von Westminster her, war aber noch mächtiger als ein englischer Parteiführer, der traditionell von den Abgeordneten bestimmt wird, die ihren Sitz ihren Wählern verdanken und nicht der Partei.

Was Biedenkopf vorschwebte, blieb auch nach 1976 möglich, die Partei gegen die Fraktion auszuspielen, um die Abgeordneten auf den rechten Weg zurückzurufen; aber dieses Manöver lag selten in Kohls Interesse, da es die Fraktionsmitglieder hätte veranlassen können, sich gegen ihren Vorsitzenden zusammenzuschließen. Biedenkopf, der die Seiten gewechselt und das Amt des Generalsekretärs mit einem Sprecherposten in der Fraktion getauscht hatte, setzte zu Weihnachten 1978 seine alte Idee wieder in Umlauf: Er verschickte ein Memorandum, in dem er als Rationalisierungsmaßnahme ein Ausscheiden Kohls aus einem seiner beiden Ämter empfahl. Kohl wird diese Affäre auch in seiner Skepsis gegenüber der schriftlichen Kommunikation bestätigt haben. Indem Biedenkopf eine Papierspur legte, lieferte er Beweismaterial für eine Anklage wegen Verschwörung. Zwei unterschiedlich deutliche Versionen der Ausarbeitung kursierten, was die Frage aufwarf, wie sicher der Autor seiner Sache war. Kohl sorgte dafür, daß eine von Biedenkopf autorisierte Fassung publiziert wurde; nun sprachen seine Worte für sich. Biedenkopfs Vorwurf, Kohl habe durch die Veröffentlichung die Krise herbeigeführt, fiel auf den Urheber zurück: Was waren Argumente eines Wissenschaftlers und erst recht eines Reformers wert, die das Licht des Tages nicht vertrugen? Kohl nutzte die Vorteile der mündlichen Verständigung: Sie erlaubt das offene Wort und die schnelle Antwort. Über Nacht sondierten seine Mitarbeiter telefonisch die Stimmung an der Basis; dann rief er selbst die Landesvorsitzenden und Ministerpräsidenten an und stellte die Loyalität des Parteivolks fest oder her. Hätte Biedenkopf Kohl in der Oppositionsführung abgelöst, hätte die Fraktion die Position der Avantgarde eingenommen, die er als Generalsekretär der Partei zugedacht hatte. Als die Union 1982 die Regierungsmacht zurückgewann, erweiterte sich der Dualismus von Partei und Fraktion um ein drittes Element. Generalsekretär Geißler wollte Biedenkopfs Linie fortsetzen und die Eigenständigkeit der Partei erst recht auch gegenüber der Regierung zur Geltung bringen. Nach Geißlers Entmachtung mußte sich die Hoffnung auf eine Instanz der organisierten Irritation wieder auf die Bundestagsfraktion richten.

Wie Kohl im Reiche des Gedankens Grenzziehungen vermied, die seine Bewegungsfreiheit zu beschränken drohten, so suchte er auch im sozialen Raum die Herausbildung fester Ordnungen zu verhindern, die ihm gegenüber Selbständigkeit gewinnen konnten: Er hielt alles im Fluß. Dieser anti-objektive Zug seines Denkens und Handelns war mit hohen Kosten verbunden. Es lag in der Natur dieser Präferenz für das Diffuse, daß sie keine symbolische Gestalt gewinnen konnte, weder in der schlagenden Formulierung noch in der eindrucksvollen Geste. So kam es, daß gerade diejenigen Züge, durch die Kohl seine Möglichkeiten wahrte, den Eindruck der Überforderung erzeugten. Biedenkopfs Klage über die unzulängliche Selbstdarstellung von Fraktion und Partei stieß auch bei den Kommentatoren der »Frankfurter Allgemeinen Zeitung« auf Verständnis, die gewöhnlich die prosaische Praxis gegen den Sirenengesang der Theoretiker verteidigten. Auf die Dauer werde die Kritik der Freunde tödlich sein, prophezeite

Fritz Ullrich Fack. Zu Unrecht tröste sich Kohl damit, daß es zu ihm keine Alternative gebe, befand Karl Feldmeyer. Die nie um ein klares Wort verlegenen Leitartikler verkannten die Vorteile der Undeutlichkeit. Wer keine Erwartungen mehr weckte, konnte sie auch nicht enttäuschen. Zu Kohl gab es keine Alternative, weil er sich der zweiwertigen Logik der Politik entzog. Kein Gegner konnte aufstehen und das Gegenteil von dem fordern, was Kohl wollte – denn was Kohl wollte, ließ sich nicht in einem Satz sagen, den man hätte verneinen können. Es blieb möglich, statt anderer Programme eine andere Präsentation zu verlangen. Doch ein eloquenter Vorsitzender hätte die Frage provozieren können, was die CDU eigentlich zu sagen hatte. Wieviel Klarheit wollte die Partei über ihre Grundsätze gewinnen?

Solange das vielbeklagte Defizit in der Vermittlung bestehenblieb, konnte man an der Fiktion festhalten, in der Sache gebe es keinen Revisionsbedarf. Kohl selbst nahm den Kritikern seiner rhetorischen Fähigkeiten das Wort aus dem Mund. »Bei der Semantik«, gestand er 1981, »also bei der Vermittlung von Politik durch Sprache, hapert es bei uns in der Tat gewaltig. Wir müssen lernen, ohne unsere Grundsätze aufzugeben, das, was wir für richtig halten, in einer verständlichen Sprache darzustellen.« Aufschlußreich ist die Vorstellung, das Bemühen um Verständlichkeit könne überhaupt das Risiko des Grundsatzverrats mit sich führen. Hier verriet sich Kohls instinktiver Widerstand gegen das isolierende und fixierende Denken in Begriffen. Hätte man die christdemokratischen Werte in einem Lexikon erläutert, hätten Leser gefragt, inwieweit sich mit diesen Vokabeln tatsächlich vernünftige Sätze bilden ließen. War das christliche Menschenbild vereinbar mit einer absolut gesetzten Freiheit? Wie vertrug sich die Kritik am Machbarkeitsglauben linker Sozialreformer mit dem Enthusiasmus für den technischen Fortschritt? Warum erklärte man den Nationalstaat des neunzehnten Jahrhunderts für tot und hielt am Wiedervereinigungsgebot fest? Das alles war nicht theoretisch, sondern bestenfalls praktisch zusammenzubringen. Mit seinem sprachkritischem Pragmatismus schwamm Kohl im Hauptstrom der modernen Sprachphilosophie. Mit Recht nahm er für seine Handlungen in Anspruch, daß »die ja mehr sagen, als man mit Wörtern ausdrücken kann«. Als die jungen Wissenschaftler älter wurden, die Biedenkopf ins Adenauer-Haus gerufen hatte, haben viele von ihnen dem Vorsitzenden vorgeworfen, er habe das Versprechen einer gedanklichen Erneuerung der Politik gebrochen. Man darf freilich annehmen, daß Kohl Biedenkopfs Theorie der modernen Volkspartei von Anfang an anders verstanden hatte als ihr Autor.

Doch was hatte Biedenkopf in dem genannten »Zeit«-Artikel mit der Rückkehr zu den Grundsätzen gemeint? Laut Machiavelli muß eine Republik von Zeit zu Zeit auf die Prinzipien ihres goldenen Zeitalters zurückgeführt werden. Der Staatsmann, der in diesem *ricorso* die Bürger in den Stand der Tugend zurückversetzt, darf als zweiter Gründer des Gemeinwesens gelten. Zu einem solchen Helden war Kohl nicht gemacht. Barthold Georg Niebuhr hat in seiner »Römischen Geschichte« die Landreform des Tiberius Gracchus als Neuschöpfung des Staates im Sinne Machiavellis dargestellt. Die Stärke des Volkstribunen lag darin, daß er der korrupten Republik als freier Mann gegenüberstand, der sich mit niemandem gemein machte. Die Gracchen waren von ihrer Mutter fern von der Welt erzogen worden und hatten nie gelernt, Kompromisse zu schließen. Da Tiberius ein Fremder in der Gegenwart war, der sich nur dem Ideal des Bürgerstaates verpflichtet fühlte, konnte er die Heimat zur Vernunft rufen und das Recht der Stunde Null wiederherstellen. Kohl hingegen suchte die Moral in der Welt, im Ausgleich der Interessen, in der Übereinstimmung mit Freunden, in der Bestätigung der Intuition durch den handfesten Erfolg. Opposition, der Protest gegen die Verhältnisse, fiel ihm als politische Übung schwer, weil sie ihm als moralische Haltung fremd war. Wo die Gracchen laut Niebuhr ein reiner Wille beseelte, der im Sinne Kants von allem Vorteil absah, erwartete Kohl den Lohn der guten Tat. Leistung müsse sich wieder lohnen: So lautete Kohls Forderung nach der Wiederherstellung eines naturgegebenen sittlichen Zustands. Er leistete sich Gelassenheit, weil er auf die Gerechtigkeit der Welt vertraute: Man kriegt nichts geschenkt, aber es ist auch nichts umsonst. Wo der Republikanismus Bürger und Politiker eine Selbstbeherrschung lehrte, die sie befähigen sollte, auch die Ereignisse zu beherrschen, erlaubte sich Kohl, die Dinge treiben zu lassen, damit er selbst sich gehenlassen konnte. Einer Moral, die mit den Üblichkeiten bricht, um zur Umkehr aufzurufen, konnte er nichts abgewinnen.

1996 bekannte sich Kohl in einem Interview mit der »Welt« zu seiner Kämpfernatur: »Die andere Backe hinzuhalten war nie meine Art.« Darf man es erstaunlich finden, daß ein christlicher Politiker zugab, er genüge dem Liebesgebot nicht? Verblüffend ist, daß er sich keineswegs reumütig äußerte. Kohl machte nicht etwa geltend, eine hartnäckige Neigung zum Jähzorn hindere ihn zu seinem Unglück immer wieder daran, Jesu Auftrag zu erfüllen. Vielmehr gab er gar kein Sündenbewußtsein zu erkennen. Von Zerknirschung über die Verstocktheit des Herzens kann keine Rede sein. Es ist niemandes Art stillzuhalten, wenn man geschlagen wird: Man muß sich überwinden, muß alle eingeübten Regeln der Selbstbehauptung vergessen, um sich so zu erniedrigen. Der wiedergeborene Baptist Jimmy Carter gestand im Wahlkampf, er habe in seinem Herzen viele Male Ehebruch begangen und vertraue auf Gottes Vergebung; er sagte nicht etwa, es sei nie seine Art gewesen, unkeusche Gedanken zu vermeiden. Die christliche Moral mutet dem Menschen zu, den Instinkt durch die Disziplin und den Reflex durch die Entscheidung zu ersetzen. Kohl hielt sich lieber an die Ausstattung, die die Evolution dem Menschen mitgegeben hat: Es wäre verrückt, den Panzer des Eigeninteresses abzuwerfen.

In der Nachrüstungsdebatte versuchten Theologen mit aberwitzigen Konstruktionen zu begründen, weshalb man seine Feinde auch und gerade dann lieben könne, wenn man sie mit der atomaren Vernichtung bedrohe. Kohl hatte solche Spitzfindigkeiten nicht nötig. Für ihn verstand sich das Richtige von selbst, und wenn die christliche Sittenlehre eine Bedeutung haben sollte, mußte sie Auslegung und nicht Kritik der Alltagsmoral sein. Kohl dachte in Bildern der Kraft und des Wachstums. Überall, wo sich etwas regte, nahm er einen Lebenswillen an, gegen den Argumente nichts ausrichteten. Der Pazifismus widerlegte sich selbst, da er mit dem Überlebensinteresse unvereinbar war. Wer die andere Backe hinhält, ist aus der Art geschlagen. Die Erfahrung, daß man nach seiner Gewohnheit leben kann, ohne sich anpassen zu müssen, gab diesem Sozialdarwinismus einen optimistischen Zug. Nicht der begrenzte Raum, der zur Besinnung auf die eigenen Tugenden zwingt, war das Urerlebnis, sondern das Hochgefühl der Expansion. Die Harmonisierung der Interessen scheiterte nicht an der Begrenztheit der Ressourcen. Wer sich so benahm, wie es seine Art war, wurde berechenbar für die anderen, die sich ihrer Art gemäß verhielten.

Ein Naturalismus, dem zufolge alles, was geschieht, seine Richtigkeit hat, läßt keinen Platz für die Sünde, die Handlung, die natürlich und dennoch falsch ist. Nur scheinbar widerspricht diesem Befund die Bedeutung, die Kohls Anthropologie der Erbsünde zuwies. Bei der Verleihung des Kunstpreises des Landes Rheinland-Pfalz an Joseph Breitbach lobte Kohl den illusionslosen Blick des Schriftstellers auf die menschliche Gattung: »Er macht sich nichts über das normale menschliche Verhalten seit der Erbsünde vor, deshalb steht er auch über allen Ideologien.« Das Normale war bei Kohl nie nur das tatsächlich Vorherrschende, statistisch Dominante; von der emphatischen Bedeutung des Vorbildlichen blieb zumindest das Moment des Regelhaften und Unausweichlichen. Die Norm stiftet eine Ordnung, der man sich nicht entziehen kann. Normal ist, was sich nicht ändern läßt. Man mag die Normalität mißbilligen und wird sich normalerweise doch mit ihr arrangieren. So nannte der Kanzler im März 1993 die Ablehnung des Koalitionsbeschlusses zur Mineralölsteuer durch die Unionsfraktion einen »völlig normalen Vorgang«.

Hier gebrauchte er das Wort nicht im quantitativen Sinne; es war nicht im Ernst gemeint, daß es sich um ein Geschehen handele, das alle Tage vorkomme und insofern nicht der Rede wert sei. Vielmehr sprach laut und überdeutlich der brave Demokrat: Die Abgeordneten hatten ihr verfassungsmäßiges Recht ausgeübt.

Leiser ließ sich zugleich der nüchterne Menschenkenner vernehmen: Es kommt vor, daß eine Gruppe sich übergangen glaubt und ihr Unmut sich im Protest entlädt; damit kann man leben, denn wer einmal brüllen durfte, wird sich beim nächsten Mal wieder ruhig verhalten. Nur Ideologen wollen sich nicht damit abfinden, daß der Mensch unverbesserlich und sein Fehlverhalten normal ist. Damit verkehrte Kohl den Sinn der Lehre von der Erbsünde ins Gegenteil. Jeder ist nicht länger schuldig, sondern unschuldig. Von der Sorge um das Heil der einzelnen Seele bleibt ein grenzenloses Mitgefühl, das jedem Individuum das Schlimmste zutraut, aber nicht übelnimmt. Das Böse entzieht sich der Philosophie und der Soziologie, es fällt in die Zuständigkeit der Psychologie, die aber nur zu sagen weiß, daß es aus dem dunklen Grund der Persönlichkeit aufsteigt.

Diese Individualisierung des Moralischen bedingte, daß Kohl nicht anerkennen konnte, was Johann Gustav Droysen in seiner Theorie der historischen Wissenschaft die sittlichen Mächte nannte: Lebenssphären mit eigenen Verbindlichkeiten und besonderen Ansprüchen. Institutionen waren für Kohl nur Zusammenballungen der Willenskraft; sie fanden ihre Einheit nicht in Standards des korrekten Verhaltens, die strenger waren als die Privatmoral. Für den symbolischen Sinn von Regeln hatte Kohl kein Organ; da die Erbsünde sich allein in der bösen Absicht zeigt, ist jeder entschuldigt, der guten Willen bewiesen hat. Politiker sind völlig normale Menschen; es wäre nicht fair, sie auf eine besonders strikte politische Moral zu verpflichten. Im »Deutschen Allgemeinen Sonntagsblatt« wurde Kohl im Juni 1982 zu seinen Erfahrungen mit Loyalität und Illoyalität befragt. Er wollte hier nur

»eine allgemein menschliche Frage« erkennen, nicht das Grundproblem politischer Führung. »Wenn Sie so wollen: Da ist die Erbsünde präsent. Ehrgeiz, Eifersucht, Prestigedenken sind doch menschliche Eigenschaften, keine spezifischen Politikereigenschaften.«

Wenige Monate später beherrschte die Parole vom Verrat den Streit der Parteien. Helmut Schmidts Kampagne gegen die FDP, die die Zusammenarbeit mit ihm aufgekündigt hatte, war demagogisch, insofern sie darauf hinauslief, dem Bundestag sein verfassungsmäßiges Recht zur Wahl eines neuen Kanzlers zu bestreiten. Aber die Resonanz, die der Rächer des angeblich verletzten Volkswillens fand, bewies, daß Schmidt erkannt hatte, was Kohl leugnete: die besondere Dignität politischer Treuepflichten. Wo Privatleute, die einen Vertrag schließen, für die Welt gleichsam unsichtbar bleiben, da werden Verabredungen im öffentlichen Raum vor aller Augen vollzogen. Ihre Verbindlichkeit erschöpft sich nicht im Buchstaben des Rechts; ihrem moralischen Sinn genügt, wer sich des Vertrauens der Öffentlichkeit würdig erweist. Um die Zustimmung des Bundespräsidenten zur Auflösung des Bundestages zu erwirken, mußte Kohl sich selbst das Argument zu eigen machen, die neue Regierung bedürfe der Bestätigung durch den Wähler, um den Zweifel an ihrer Legitimität zu tilgen.

Die Redensart, daß Politiker auch nur Menschen seien, sollte ihrem Streit die Schärfe nehmen. Wo allerdings die Verständigung von Mensch zu Mensch nicht gelang, spitzte sich der politische Gegensatz zur persönlichen Feindschaft zu. Im Bundestagswahlkampf 1976 schaukelten sich die Attacken von Kanzler und Kandidat wechselseitig hoch. Auf Schmidts kühle Provokationen reagierte Kohl zunehmend hitzig. In der Fernsehrunde am Donnerstag vor der Wahl beschimpfte er den Kanzler als einen »Mann, der offensichtlich gar nicht mehr bereit ist, das menschliche Miteinander unter führenden Repräsentanten der deutschen Politik zu üben«.

Schmidt hatte sich der rhetorischen Technik der wohlkalkulierten Übertreibung bedient. Er nahm die Herausforderung des Gegners an, den Wahlkampf als ideologischen Grundsatzstreit zu führen, und zog aus einzelnen Äußerungen von Unionspolitikern die weitestgehenden Konsequenzen. Die Forderung eines CSU-Abgeordneten, der Bundesgrenzschutz sollte DDR-Flüchtlingen »Feuerschutz« gewähren, legte Schmidt als Ankündigung aus, nach einem Wahlsieg der Union werde an der innerdeutschen Grenze zurückgeschossen. Die böse Anspielung auf die Entfesselung des Zweiten Weltkriegs sollte nicht zu genau genommen werden; Schmidt wollte nicht unterstellen, ein von der CDU kommandierter Grenzschutz werde unter Vortäuschung der Gegenwehr das Feuer eröffnen wie die Wehrmacht 1939. Es ging ihm nur darum, so drastisch wie möglich das Risiko eines Regierungswechsels zu beschwören. Der Schockeffekt war ein rhetorisches Mittel: Gerade wegen ihrer Maßlosigkeit fiel Schmidts Äußerung nicht aus dem Rahmen der symbolischen Sprache der Politik. Kohl versteifte sich freilich darauf, nicht die Sache der Union, sondern die Ehre ihrer Politiker zu verteidigen. Selbst die Warnung, CDU und CSU gefährdeten den Frieden, faßte Kohl als persönliche Kränkung auf.

In Wahrheit hatte sich Schmidt gerade nicht mit Kohls Person abgegeben. Mit Herablassung hatte er seinen Herausforderer behandelt, der sich nun rächte, indem er den Kanzler aus der Gemeinschaft der anständigen Menschen ausschloß: »Seit Bestehen dieser Bundesrepublik gab es keinen Regierungschef, der mit der Ehre und mit dem selbstverständlichen Respekt und mit der menschlichen Substanz seiner Mitbewerber und Mitbürger so umgegangen ist wie Sie.« In der Rede von der menschlichen Substanz wurde die Würde des Individuums materiell gedacht, als Vorrat, der verkümmern oder geraubt werden konnte. Daß ein Gegner durch Worte in die Substanz eines Menschen einschneiden könnte, ist eine schreckliche Vorstellung. Hier blitzte plötzlich eine Urangst auf: Schutzlos liefert sich der Politiker dem Kampf aus, und es kann ihm passieren, daß er in Stücke gerissen wird.

Schmidts Selbstbeherrschung brachte Kohl in Rage. »Die Zuschauer erkennen Ihre kaum mehr überbietbare Arroganz. Dessen dürfen Sie versichert sein.« Den Zuschauern entging aber auch nicht, wie wirkungsvoll Schmidt seine Arroganz einsetzte. Er verleitete Kohl dazu, den Streit von der politischen auf die menschliche Ebene zu ziehen. Kohl entblößte sich, Schmidt ließ seine Maske nicht fallen. Vom Staatsmann wird Selbstdistanz erwartet; Kohl wollte für alle Menschen sprechen, indem er über seine eigene Verletztheit Klage führte. Doch maß Kohl Schmidts Worte an einem Maßstab, dem seine eigenen Äußerungen nicht genügen konnten; er selber hatte im Wahlkampf eine Rolle spielen müssen und nicht einfach Mensch sein können, mochte ihm das Geschäft der Polarisierung auch nicht behagen. Die Wahlkampfstrategien entsprachen einander spiegelbildlich wie die Atomwaffenarsenale der Großmächte: Wenn die SPD-Parole »Den Frieden wählen« ein Anschlag auf die Menschenwürde war, dann war es das CDU-Plakat »Die Freiheit wählen« nicht minder.

Floh Kohl vor seinen Zweifeln an der harten, von Strauß erzwungenen Wahlkampflinie in die Selbstgerechtigkeit? Durfte er die Ähnlichkeit der Methoden nicht zugeben, wenn er stark bleiben wollte? War es für den Prediger der menschlichen Gemeinsamkeiten eine psychische Notwendigkeit, sich nicht in den Gegner hineinzuversetzen? Dreimal schleuderte Kohl in jener Fernsehrunde dem Kanzler wie eine Beschwörungsformel die Frage entgegen: »Was geht eigentlich in Ihrem Kopf vor?« Schmidt hätte diese Frage nie gestellt. Er spekulierte nicht über Gemütszustände, sondern kalkulierte mit Interessenlagen. Politik war für ihn die Kunst, die Außenwelt zu ordnen. Sollte sie berechenbar sein, mußte sie von aller Innerlichkeit abstrahieren. Es war diese Objektivität der vom Leben gelösten, verselbständigten Politik, die Kohl an Schmidt befremdete.

Kohl hatte in seinem Leben nie nennenswerten Widerstand erfahren. Stets hatten die Verhältnisse seinem sanften Druck nachgegeben, über jedes Hindernis triumphierten schließlich Willenskraft und Geduld. Er hatte es nie nötig gehabt, sich auf sich selbst zurückzuziehen. Was ihn Niederlagen ertragen ließ, war kein Stoizismus. Für den Stoiker war jedes Ereignis gleichgültig, für Kohl vorläufig; wo der Stoiker sich in die innere Festung seines Geistes zurückzog, blieb Kohl auf dem Schlachtfeld, weil er sich seines Sieges sicher war. Seine Erwartung, die Dinge unter Kontrolle zu bekommen, erklärte sich aus einem gleichsam intimen Verhältnis zur Welt. Wie für das Kind im Mutterleib waren für ihn Ich und Nicht-Ich nicht getrennt. Äußere Verhältnisse erlebte er als Ausdehnung innerer Zustände. Die Stimmungen, die ihn umtrieben, hielten auch die Welt in Bewegung. Politik war der Instinkt, sich dem Rhythmus des Lebens anzuschmiegen. Im Gefühl für den eigenen Körper fielen für den großen, schweren und kräftigen Mann Welterfahrung und Selbsterfahrung zusammen. An der eigenen Physis beobachtete er die Gesetze der physikalischen Welt. Die Partei, die er beseelte, stellte er sich als Wucherung seines Leibes vor. Über seine liberalen Unterfürsten wie Richard von Weizsäcker und Walther Leisler Kiep sagte er 1982: »Das ist alles Fleisch von meinem Fleische. Daß die CDU in Berlin und Hamburg so gut dasteht, verdankt sie Helmut Kohl.«

Das Urerlebnis des Weltkriegsoffiziers Schmidt war die Ohnmacht. Der gute Wille, der gegen den Vormarsch des Bösen nichts ausrichtete, war nach dem Zerfall aller Institutionen die letzte moralische Instanz. Daß auf der Welt möglicherweise überhaupt nichts geschieht, was gut genannt zu werden verdient, folgte für Kant aus dem Gegensatz zwischen der Bedingtheit der Tatsachen und der Unbedingtheit des Guten; für Schmidt war es ein unwiderleglicher Satz der Erfahrung. Sollte die Möglichkeit der Freiheit bewahrt werden, mußte der Handelnde sich von den Dingen losreißen. Der Kanzler sah in einen Spiegel, als er die Betrachtungen las, die Mark Aurel nachts im Feldherrnzelt niedergeschrieben hatte. Schmidt machte es sich zur Maxime, Abstand zu halten; er war ein kritischer Rationalist im existentiellen Sinne, der im Mißtrauen gegenüber der Welt die erste Pflicht der Vernunft sah.

Von einem Parteifreund mußte sich Schmidt sagen lassen, daß er mit seinen formalen Moralbegriffen auch ein KZ hätte führen können. In Wahrheit hatten die sogenannten Sekundärtugenden gerade den Sinn, die gedankenlose Identifikation mit vermeintlich primären

Werten zu verhindern. Nichts sollte sich von selbst verstehen, weder der Krieg noch der Frieden. Die Institutionen mußten neu konstruiert werden; wie belastbar sie waren, mußte die Praxis weisen. Keinen perfekten Bauplan versprach der Sozialingenieur, nur Notlösungen. Als im Nachkriegsdeutschland die Gewißheiten wieder Raum gewannen, geriet diese Skepsis gegenüber den ersten Gefühlen und letzten Schlüssen in den Ruch der ethischen Gleichgültigkeit, zumal sie in einem Habitus der Nüchternheit und einer antipathetischen Rhetorik Ausdruck fand. Sachlichkeit galt nun als unmenschlich, dem Technokraten traute man alles zu.

Auch Kohl beherrschte schon als Landespolitiker das Gestenrepertoire des Fachmanns für das Allgemeine, der sich zum Herrn jedes Verfahrens machte: das Entwerfen und Entscheiden, Durchsetzen und Durchgreifen, Schalten und Walten. Aber sein eigener Erfolg war ihm unheimlich; er fürchtete, als Berufspolitiker werde er am Ende die Verbindung zum Leben verlieren. Je höher er aufstieg, desto dünner wurde die Luft. Er wollte der Erste im Land werden und hatte sich auf die Einsamkeit einzustellen. Bonn zog ihn an und stieß ihn ab. In dem Fernsehgespräch mit Gaus, in dem er seine Ambition zu erkennen gab, Kanzler zu werden, sprach er von einem »Amt voller Schrecken, voller Eiseskälte der Distanz«, dessen Inhaber der »menschlichen Wärme« und »menschlichen Nähe« entbehren müsse. Das Bundeskanzleramt als Eispalast, das kalte Herz des Staatskörpers, ist ein Ort aus dem Märchen: Der Alleinherrscher, der alle überlebt hat, erfriert. Das Zentrum von Kohls Lebensplan war ein Todesbild.

Wer sich unentbehrlich machen will, muß alles als austauschbar behandeln, muß Themen, Standpunkte und Verbündete wechseln. Jeden Konkurrenten muß er zu ersetzen bereit sein, und er läuft Gefahr, daß er sich selbst schließlich gleichgültig wird. In Schmidt, dem er vorwarf, daß er »sich selbst ohne Alternative« sehe, glaubte Kohl einen Unglücklichen zu erkennen, der dem Zauber erlegen war und die Gemeinschaft der Menschen verlassen hatte. »Schmidt lebt in allen menschlichen Bezügen auf einem anderen Stern.« Wohl auf dem Planeten des Kriegsgottes, wo die durchschnittliche Oberflächentemperatur fünfzehn Grad unter Null beträgt. Indem Kohl seinen Gegner auf eine drahtlose Marsreise schickte, ließ er auch das Problem der Lebensform des Berufspolitikers verschwinden. Abstraktion, Indifferenz und Funktionalismus bezeichneten nur noch ein psychologisches Rätsel, nicht mehr die moralischen Kosten der autonomen Politik.

Daß Kohl die Eigengesetzlichkeit der Politik nicht anerkennen wollte, der er doch seine soziale Existenz verdankte, hatte die merkwürdige Konsequenz, daß ihm für seine eigenen politischen Fähigkeiten die Worte fehlten. Nach seiner Darstellung stand er 1982 als Anwärter auf das Kanzleramt bereit, weil er gegen ehrgeizige Rivalen obsiegt hatte wie jeder beliebige Vorstandsvorsitzende oder Vereinspräsident. In Wahrheit ist es unwahrscheinlich, daß ein Manager oder Sportfunktionär sich hätte behaupten können, dessen Leistungen so negativ beurteilt worden wären wie die des Oppositionsführers Kohl. Gerüchte über den bevorstehenden Sturz eines politischen Spitzenmannes pflegen sich in der Frage zu verdichten, wer unter seinen Getreuen den Mut zum Königsmord aufbringen werde. Tatsächlich liegt auf dem demokratisch legitimierten Anführer noch ein Abglanz des Königsheils. Die Gemeinschaft hat ihr Schicksal mit seinem Glück verbunden. Zwar muß sie bereit sein, ihn in der äußersten

Not zu opfern, aber sie wird das Eingeständnis hinauszögern, daß auf ihrer Wahl kein Segen lag. Der demokratische Politiker kann jederzeit ohne Angaben von Gründen in den einstweiligen Ruhestand versetzt werden. Diese theoretische Austauschbarkeit garantiert ihm in der Praxis gerade seinen Platz. Nichts spricht dafür, daß der Nachfolger seine Sache besser machen würde. Das Faktum des Machtbesitzes rechtfertigt sich selbst, der Zufall gilt als Notwendigkeit; so las man in der Antike aus dem Losentscheid den Willen der Götter. Diese Unersetzlichkeit, das paradoxe Resultat eines Systems der Ersetzbarkeiten, wird derjenige Politiker am besten für sich nutzen können, der sich durch nichts empfiehlt als dadurch, daß er gewählt worden ist. Frei von allen besonderen Eigenschaften, repräsentiert er ein System, das ohne Repräsentation auskommt.

Wer repräsentiert wird, läßt sich durch einen anderen vertreten: der Untertan durch den König, der Laie durch den Priester. In der Demokratie vertritt das Volk sich selbst; man muß dem Volksvertreter ansehen, daß er aus dem Volk stammt und ins Volk zurückkehren wird, oder, wie der Staatsrechtler Josef Isensee einmal über Kohl bemerkte: »Politiker sind vom Fleisch des Volkes. Und nirgendwo steht, daß es die besten Stücke sein müssen.« Kohl hat sich mit Erfolg als normaler Mensch präsentiert, der einer normalen Tätigkeit nachgehe, wie andere Normalbürger in ihren Lebenssphären. Ironischerweise konnte er aber diesen Erfolg nur in seiner Sphäre erringen: Allein in der Politik ist die Normalität, das Verwechselbare, auch die Norm. Was aus der Aufhebung der Grenze von Politik und Leben folgt, ist zweideutig. Die Alltagsweisheit verdrängt die politische Philosophie um den Preis, daß die

Politik den Alltag durchdringt. Die Nachtseite einer Menschlichkeit, die allerorten Sünder und nirgendwo Böses sieht, ist die dunkle Ahnung von der Übermacht des Willens zur Macht. Ehrgeiz, Eifersucht und Prestigedenken kommen unter guten Freunden und selbst in der eigenen Familie vor.

Der Oppositionsführer zog in den siebziger Jahren Sympathie in der Bevölkerung auf sich, weil er die Herrschaft des Lebens über die Politik wiederherzustellen versprach. Der Landespolitiker hatte sich in den sechziger Jahren als Hoffnungsträger der Partei empfohlen, weil er der Politik den Durchgriff auf das Leben zu ermöglichen schien. Wenn der Politiker des neuen, von Kohl verkörperten Typs genug zu tun haben sollte, mußte der Staat mehr zu tun bekommen. Kohl beherrschte die Kunst, Zustände so zu beschreiben, daß sie als Mißstände erkannt wurden, die nach dem Eingriff des Staates riefen. Das Wohl des Landes Rheinland-Pfalz faßte er als etwas Herzustellendes auf. Der künstliche Charakter der von den Besatzungsmächten geschaffenen Einheit kam ihm dabei entgegen; die Expansion der Regierungstätigkeit konnte als Fortsetzung der Staatsgründung ausgegeben werden. Den Standard, an dem die Verhältnisse gemessen wurden, gab ein Ideal des Zeitgemäßen und Modernen ab, das nicht definiert wurde, weil es Evidenz beanspruchte. Eilte man den Dingen nur weit genug voraus, konnte man jeder Einrichtung attestieren, sie werde einmal hinter ihrer Zeit zurückbleiben. Liebend gern hatte der große Zerstörer die Zwergschulen abgerissen. Hier bewies der Staat, daß sein langer Arm bis ins letzte Dorf reichte. Die großen neuen Schulgebäude machten den Fortschritt augenfällig. Die Kinder, die der Schulbus ins Mittelzentrum transportierte, wurden zugleich in die

Gegenwart geholt. Die Modernisierung konnte man auf der Landkarte messen: Zum Raum wurde hier die Zeit.

Für Kohl mußten die Resultate von Reformen sichtbar und greifbar sein. Er wollte buchstäblich Spuren hinterlassen, träumte davon, die Landkarten neu zu zeichnen. Eines seiner Lieblingsprojekte war die Neugliederung der Bundesländer. Diese Aufgabe müsse »ganz undogmatisch angepackt werden«, erklärte er dem »Spiegel«. Wo es um den Zuschnitt von Verwaltungsbezirken ging, standen der Phantasie des Konstrukteurs gewachsene Meinungen über die Zusammengehörigkeit historischer Landschaften entgegen. Sie waren die unbegründeten Glaubenssätze, die der Planer aus dem Weg zu räumen gedachte; es kam ihm nicht in den Sinn, das rationalistische Dogma »je größer, desto besser« zu bezweifeln. Ihn stimulierte die Aussicht, per Federstrich die Ergebnisse des Zweiten Weltkriegs zu revidieren. Nicht nur in den christlichen Kirchen kam der Lobpreis des Undogmatischen damals in Mode, sondern auch bei solchen Marxisten, die mit Kohl den Voluntarismus teilten, die Ungeduld gegenüber Gedanken und Überlieferungen, die den Raum für politische Aktionen beschränkten. Kohl habe keine ideologischen Einwände gegen die SPD, berichtete Günter Gaus 1967, sondern halte sie schlicht für zu konservativ. Für die Verwaltungsreform, deren Vollendung mit seiner Wahl zum Ministerpräsidenten zusammenfiel, nahm er in Anspruch, sie habe »das zynische Wort« eines seiner Staatsrechtslehrer widerlegt, nur Diktaturen könnten territoriale Veränderungen der Verwaltungskompetenz durchführen. So hatte sich die Reform als staatsbürgerkundliches Experiment schon durch die Durchsetzung, nicht erst in der Umsetzung bewährt.

Den Schüler Sternbergers muß dieser Beweis für die Lebenskraft des demokratischen Staates erfreut haben; dennoch hat ihm wohl die Vorstellung geschmeichelt, daß er die Freiheit eines Alleinherrschers genossen hatte. Seine Beschreibungen der Rolle des Ministerpräsidenten kreisten um die Idee eines von Rücksichten freien Handelns, das seine Bewährung nicht im Erreichen vorgegebener Zwecke suchte, sondern in einer Veränderung, die sich selber genügte. Kohl hatte eine abstrakte und gleichwohl sinnliche Vorstellung von der politischen Tätigkeit. »Es reizt, bestimmte Markierungen setzen und gestalten zu können.« Bestimmt waren die Markierungen erst, wenn sie gesetzt wurden. Welche er setzen wollte, ließ er gerade unbestimmt: Das Markieren selbst war der Reiz, das Anbringen eines unverwechselbaren Zeichens, wie es die Signatur des Künstlers ist. Das Gestalten als solches gewährte Befriedigung; der plastischen Kraft des Politikers war ihr Material gleichgültig. In Mainz ergriff Kohl »die Chance, einmal zu zeigen, daß ich etwas bewirken kann«. Was er bewirkte, war für das Gelingen des Beweises unerheblich. In der politischen Welt galten die Gesetze der Physik; Kohl wollte etwas bewegen, um am eigenen Leib die Kausalität zu spüren.

Als er voraussagte, die Bundesländer würden sich in den siebziger Jahren ihrer Neuordnung nicht verweigern können, überschätzte er die Möglichkeiten der Politik. Nach einem Aufschub von drei Jahrzehnten ist allerdings diejenige Neuregelung verwirklicht worden, die nach Kohls Planungen aus dem Epochenjahr 1968 Schul-, Verwaltungs- und Justizreform komplettieren sollte: die Reform der deutschen Rechtschreibung. Die Unordnung des neuen Regelwerks ist ein erhabenes Denkmal für Kohls Mißtrauen gegenüber allen Schranken der Gestaltungskraft und für seinen kreativen Gebrauch der Sprache.

Solange Kohl danach strebte, seine Konkurrenten in der Partei zu überholen, verbesserte er seine Chancen, indem er Tatendrang demonstrierte. Seine Kraft konnte auch demjenigen Parteifreund imponieren, der die Reformen, die er ins Werk setzte, mit gemischten Gefühlen betrachtete. Fast schien er zu stark für ein kleines Bundesland, wenn er Gemeinden zusammenwarf und Ministerien auseinandernahm; aber die Partei in Bonn konnte eine Energiezufuhr gebrauchen. Was der Wille erstrebt, erreicht er: Diese innerweltliche Heilsgewißheit war der Tradition der christlichen Demokratie fremd, doch in der Not der Opposition versprach sie Trost. Der Antreiber, der sein Land in Bewegung gebracht hatte, mußte es auch schaffen, seine Partei zu mobilisieren. Er hatte Rheinland-Pfalz in die Moderne befördert und sollte die CDU zurück an die Macht führen. In den Augen von Johannes Gross verkörperte Kohl eine reformistische Sozialpartei, die nicht genau sagte, was sie wollte, aber genau wußte, was sie nicht wollte: Er sei der einzige Politiker, der unbedingt wolle. So soll schon Brutus von Caesar charakterisiert worden sein: Man wisse nicht, was er wolle, doch was wolle, wolle er mit Nachdruck.

Nach Gross ermöglichte die Klarheit im Negativen Kohls Pragmatismus. Dem Publikum versuchte die CDU zu zeigen, daß sie auch im Positiven sicher sei. Die Programmarbeit des Generalsekretärs Biedenkopf stand zunächst noch in der Kontinuität jener wortreichen Selbstdarstellung, durch die Kohl schon als rheinland-pfälzischer Fraktionsvorsitzender die schreibenden Beobachter für sich eingenommen hatte. Die CDU erwartete nicht mehr, daß die Wähler sie gottergeben als naturnotwendige Regierungspartei ansahen, sondern legte ihnen Gründe vor, präsentierte Konzepte, Entwürfe und Visionen. Kohl, im Landtag ein unermüdlicher Debattenredner, der sich nur mit Mühe daran gewöhnte, daß dem Regierungschef im Parlament Zurückhaltung ziemte, erntete Lob für seinen argumentativen Wahlkampfstil. Der Modernisierer, der in seiner Partei Bewegung symbolisierte und organisierte, schickte sich als Bundesvorsitzender an, die sozialliberale Regierung auf ihrem eigenen Terrain herauszufordern: Die moderne Volkspartei wollte moderner sein als die alten Klassenparteien, deren Fortschrittsbegriffe wie ihre Fußvölker – evangelische Industriearbeiterschaft und laizistisches Bürgertum – aus dem vorigen Jahrhundert stammten. Der Vorsprung der CDU sollte ins Auge stechen.

Kohl reklamierte für seine Partei eine ästhetische Modernität, die sich angeblich im gesamten Lebenszuschnitt ihrer Mitglieder zeigte. Im »Spiegel« mokierte er sich 1968 über die »Lebensumstände« der sozialdemokratischen »Fortschrittskämpfer«: Wer ihre Wohnzimmer betrete, wende sich mit Grausen angesichts der »Bilder an den Wänden« und der »Sehnsucht nach dem Gelsenkirchener Barock«. Die Einheit von Politik und Existenz forderte, daß das private Verhalten die öffentliche Gesinnung beglaubigte. Hier entdeckt man wieder Kohls zweideutiges Verhältnis zur bürgerlichen Tradition. Das Bürgertum nahm für seine Helden in Anspruch, daß ihre Worte in ihren Taten anschaulich wurden. Die Öffentlichkeit war eine Veranstaltung der Sichtbarkeit; man zog die Geheimpolitik der Fürsten ans Licht, die schäbigen Gedanken in den Kabinetten, die schändlichen Handlungen in den Schlafgemächern. Der bürgerliche Politiker empfahl sich daher durch seine sittsame Lebensführung, als zärtlicher Gatte und sparsamer Hausvater. Die Form, die er seinen Verhältnissen gab, befriedigte das Interesse des Volkes an der Würde seiner Repräsentanten und zog der Neugier zugleich eine Grenze. Wer nichts zu verbergen hatte, mußte auch nichts enthüllen. Früher besaß nur der Fürst Räume, in denen er sich unbeobachtet wußte; im bürgerlichen Zeitalter herrscht jedermann über sein eigenes Reich.

Die bürgerliche Moral legt Wert auf korrektes Benehmen, weil sie tugendhaftes Verhalten durch Symbole markiert, statt es zu überwachen. Kohl, der als Geschmackspolizist die Wohnungen seiner Gegner inspizierte, paßte nicht in diese Welt. Er nahm seine Kollegen in die Pflicht der ununterbrochenen Repräsentation und machte dadurch die Repräsentation zunichte, die den Alltag als Hintergrund benötigt. War im Gesamtkunstwerk dieses Politikerlebens für die Privatsphäre noch Platz? Kohls Sympathie für die aufbegehrende junge Generation war nicht geheuchelt. Er teilte mit ihr den Traum von der grenzenlosen Politik: Für ihn war das Persönliche politisch.

Eine Avantgardebewegung kann ihre Mitglieder dafür begeistern, den Zielen der Gruppe zuliebe alle Lebensgewohnheiten zu reformieren. Wenn dagegen eine Mehrheitspartei ihre Kraft aus einem Lebensgefühl ziehen will, wird sich der Mehrheitsgeschmack behaupten. Der Moment, da die CDU auf ihrem Parteitag ein Freudenfeuer aus Gelsenkirchener Schnitzarbeiten hätte abbrennen können, ging rasch vorüber. Absolut modern zu sein war bald nicht mehr modern und verbot sich auch für die moderne Volkspartei. Daß sich die grellen Farben und schrägen Muster auf den Krawatten und Tapeten ihrer Funktionäre nicht lange halten würden, konnte man aus einer Stelle in Kohls »Spiegel«-Gespräch schließen, wo er die Philosophie der Partei mit einem Bild aus der Malerei umschrieb. Lebensfremd schien ihm ein Politikstil, der Zuspitzung und Entscheidung statt Mäßigung und Vermittlung sucht: »Die Pastelltöne ermöglichen uns doch erst ein glückliches Dasein.« Wurden Farben gemischt und Konturen verwischt, mußte in Kohls großer abstrakter Komposition namens Versöhnung von Politik und Leben der Hintergrund dominant werden. Da die Politik durch keine klare Linie hervorstach, bestimmte die große Fläche des Lebens das Bild.

Der CDU-Vorsitzende stellte sich dem Wettstreit mit der Regierung auf dem Feld der Reformpolitik, doch ist fraglich, ob er wirklich auf einen Sieg spekulierte und nicht auf die Erschöpfung des Gegners. In seiner Rede auf dem für seine Wahl einberufenen Bonner Sonderparteitag erklärte er die Partei zum Motor der Veränderung: Ihre Umdrehungen sollten die Gesellschaft auf Touren bringen. »Wir sehen, welche Dynamik in unseren Grundsätzen steckt; wir müssen diese Dynamik fortentwickeln, und zwar mutiger und entschlossener. Wir bekennen uns in unserem Parteiprogramm zur dynamischen Demokratie, das heißt: zu einer Fortentwicklung dieser Demokratie.« Nicht nur die Grundsätze galt es fortzuentwickeln, sondern ihre Dynamik: Ihre Entwicklungsfähigkeit sollte selbst noch einmal entwickelt werden; faßte man die dynamischen Grundsätze dynamisch auf, wurden sie immer dynamischer. Nun könnte man grundsätzlich fragen, ob es überhaupt wünschenswert ist, daß Grundsätze sich entwickeln. Sollten sie nicht unverrückt bleiben, während alles andere sich bewegt? Faßt man nicht Grundsatzbeschlüsse, wenn einem die Dynamik ringsumher nicht recht geheuer ist? Eine moderne Volkspartei kann sich nicht leisten, in Bewegungslosigkeit zu verfallen. Ein Weltanschauungsbund oder ein Milieuverein können einen Schritt zurücktreten und eine Zeitlang stillhalten, wenn die Dinge eine Richtung nehmen, die ihnen mißfällt. Dann glaubt man, das Programm oder der Rechtsstandpunkt sei ein Fels in der Brandung. Die Volkspartei kann sich gegen die Brandung nicht schützen, denn sie ist die Welle selbst.

Ihr einziger echter Grundsatz ist die Dynamik: Den Ausgleich zwischen den von ihr proklamierten Werten und die Versöhnung der von ihr vertretenen Interessen erwartet sie von der künftigen Entwicklung. Wenn sie ihre Grundsätze fortschreibt, kann sie das nur im Licht ihrer Grundsätze tun, so sie sie nicht verraten will. Dynamik besteht insofern darin, auf der Stelle zu treten. Die Partei schreibt ihr Programm fortwährend um, sagt immer wieder dasselbe in anderen Worten. Diese Selbstbezüglichkeit rechtfertigt den Namen der Volkspartei. Das Volk ist die Gesamtheit, es kann sich nur mit sich selbst beschäftigen. Die Partei kommt immer wieder auf sich selbst zurück; wie mutig sie sich auch der Dynamik aussetzen mag, jedesmal stellt sie fest, daß sie die alte geblieben ist. Wer zur Entwicklung entschlossen ist, kann Veränderungen vermeiden. Der Zweck der Dynamisierung der Demokratie ist Stabilität. Man kann jede Institution dazu verleiten, sich mit sich selbst zu befassen: Dann versetzt man sie in Unruhe, um sie ruhigzustellen. Das »Demokratieverständnis« der CDU, erklärte ihr neuer Vorsitzender, gebot es, die »Frage nach der demokratischen Gestaltung und Willensbildung in allen Bereichen unseres Staates und unserer Gesellschaft« zu stellen. Die Formulierung der Frage nahm die Antwort vorweg. Es verbot sich die Erwägung, ob es überhaupt wünschenswert war, den Willen überall auf demokratischem Wege, also durch Mehrheitsbeschluß zu bilden. Die Dynamik der Demokratie trieb sie über die Grenzen der Politik hinaus.

Das Mehrheitsprinzip ist eine Austauschregel. Die Mehrheit kann nur dort den Ausschlag geben, wo die Wahrheitsfrage suspendiert wird. Es ist gleichgültig, welche Meinung heute gewinnt, sofern die Gegenmeinung sie morgen ablösen kann. Der regelmäßige Wechsel des Personals wird befördert; um dieser kontinuierlichen Bewegung willen wird in Kauf genommen, daß gelegentlich der Bessere abgewählt wird. 1968 legte ein Parteitag der rheinland-pfälzischen CDU neue Maßstäbe für Kandidaten fest, die unter anderem ihre Fähigkeit zur Kommunikation mit der Presse beweisen mußten. Alle vier bis fünf Jahre sollten die Kreisverbände nach neuen Mandatsträgern Ausschau halten. Lange vor den Grünen proklamierte die CDU das Prinzip der Rotation. Kohls Sprecher Schreiner hob das Neuartige der Maßregel hervor: »Diese Aufforderung zum Wechsel – das hat bisher noch keine Partei gewagt.« Antike Republiken wollten durch Losentscheid und Wiederwahlverbot verhindern, daß sich die Sphäre der Politik zum Staat im Staat entwickelte. Aber wo ein athenischer Ratsherr sich von seinem Nachbarn nicht mehr unterschied, sobald er in die Volksversammlung zurückgekehrt war, da blieb ein ehemaliger Kreistagsabgeordneter Parteimitglied. Für jeden Bürger, dem Kohls CDU einen Sitz auf ihrem Mandatskarussell gab, schickte sie einen Funktionär zurück in die Gesellschaft.

Was sprach dafür, diese Kontingenz in alle Sphären der Gesellschaft zu exportieren? Waren nicht beispielsweise die Kirchen und die Universitäten einer Wahrheit verpflichtet, die es ihnen untersagte, Personen und Positionen als austauschbar zu behandeln? Mit dem dynamischen Ideal einer Demokratie, die über die Grenzen der Politik tritt und die Gesellschaft überschwemmt, konkurriert in der Geistesgeschichte das Bemühen, Dämme gegen diese unkontrollierte Bewegung zu errichten und dem Volkswillen durch seine Kanalisierung Richtung und Wirkung zu verschaffen. Auf Montesquieu geht ein Demokratiebegriff zurück, der dem Volk die Herrschaft durch Zerteilung und Begrenzung der Macht sichern will, durch Gewaltenteilung und Fundamentalgesetze. Auf Rousseau kann sich berufen, wer die Macht im Namen des Volkes konzentrieren und entgrenzen will: Der allgemeine Wille läßt sich durch Verfahrensregeln und Institutionen nicht beschränken. Kohl stand auf der Seite Rousseaus. Sein mit allerlei Fetischen angefülltes Arbeitszimmer schmückte eine einzige Ikone, die ein politisches Glaubensbekenntnis ausdrückte: Seit den Mainzer Tagen hing dort ein Porträt von Joseph Görres. Der zum Konservatismus übergetretene Jakobiner verkörpert die verborgene revolutionäre Tradition der christlichen Demokratie. Die römische Kirche, die das Erbe der Kaiser angetreten hatte, wollte der politischen Welt eine objektive Ordnung geben: Herrschaft sollte Form annehmen, im Recht und in der Institution. Als sich im revolutionären Europa das Kirchenvolk zur politischen Aktion zusammenfand, mußte es die Freiheit der Assoziation gegen die Obrigkeiten durchsetzen. Der Heilige Geist wanderte aus der Rechtsordnung aus und offenbarte sich im Volkswillen.

Für Kohl war die Mehrheit mehr als die Summe der Einzelvoten, eher eine metaphysische als eine mathematische Größe. Er mußte nicht erst nachzählen, um zu wissen, daß die Mehrheit auf seiner Seite war. Wenn Margaret Thatcher die Beförderung eines Abgeordneten erwog, pflegte sie die Einpeitscher zu fragen: »Is he one of us?« Als Bewegung der philosophisch Entschiedenen war der Thatcherismus eine Minderheit in der eigenen Partei. Wer sich zu Kohls Fahne meldete, mußte sich keinem ideologischen Eignungstest stellen, der die klaren Denker von den Wirrköpfen unterschieden hätte. Als der neugewählte Kanzler 1982 um sich blickte, sah er auf jeder Seite Getreue: »Das sind alles meine Leute.« Daß die Mehrheit fortwährend ihre Zusammensetzung änderte und jederzeit auseinanderfallen konnte, bedachte er nicht, wenn er sich von ihr getragen fühlte. Das millionenköpfige Monster, das sich von Ängsten und Hoffnungen ernährt und sich immer nur auf Zeit materialisiert, war ihm der Inbegriff der Realität. Alle festen und dauerhaften Institutionen nahmen sich im Vergleich künstlich und brüchig aus. Die Frage nach der demokratischen Gestaltung in allen Bereichen der Gesellschaft begriff Kohl nicht als Aufgabe, in Universitäten oder Unternehmen komplizierte Verfahren der Kontrolle und Balance zu installieren. Vielmehr sollte die Spontaneität des von sich selbst begeisterten Volkes die Beamten und anderen Fachleute bekehren, die durch Zugangsbeschränkungen und Verhaltensstandards ihre Kompetenzen hüteten, aber ihren Part nicht mit letztem Eifer spielten, weil sie auf Distanz zur eigenen Rolle bedacht waren. Kohl folgte auch darin Rousseau, daß er den Menschen von den Fesseln der Konvention erlösen wollte: Diese Freiheit von allen Vorgaben war der anthropologische Sinn der dynamischen Demokratie.

Gefährdet wird die Dynamik, die Bewegung, die sich

selbst verstärkt, durch die Reflexion: Wer in Gedanken von der Mehrheit Abstand nimmt, gehört bald auch körperlich nicht mehr dazu. Der reine Enthusiasmus ist die vollkommene Gedankenlosigkeit. Wenn Kohl sich zu einer Hymne auf die Hochstimmung hinreißen ließ, kam unvermeidlich etwas Unbedachtes heraus. Seine Mahnung an die deutschen Bankiers, der Optimismus, der Dietrich Bonhoeffer im Konzentrationslager Flossenbürg möglich gewesen sei, müsse auch auf dem Bankentag oder anderswo möglich sein, ist als groteske Fehlleistung legendär. Während Kohls Kritiker aus ihr ableiten wollten, daß sein Verstand nicht richtig arbeite, belegt sie in Wahrheit die Geschlossenheit seiner Anschauungswelt. Er trug einen logischen Schluß von schrecklicher Schlichtheit vor: Was im KZ nicht unmöglich war, ist überall möglich. Kohls Welt hatte keine Ecken; ihm rundete sich alles, was er dachte und fühlte. Der Optimismus war für ihn eine natürliche Energie, die sich unter den schwierigsten Bedingungen Bahn bricht, aber gerade von denjenigen schlecht genutzt wird, denen es gutgeht. Seinem Blick wurde alles vergleichbar, weil er das Leben als gewaltigen Prozeß begriff, der keine Grenzen respektierte. Als er vor den versammelten Geldverwaltern stand, hatte er die Chance, sie aus der habituellen Skepsis zu reißen, zu der eine berechnende Existenz verführt. In diesem Moment mag die Beschwörung der Selbstüberwindung des Märtyrers unwiderstehlich gewesen sein; so sehr fürchtete Kohl die Verzagtheit der Routine, eine seinem eigenen Dasein völlig fremde Erscheinung der Erbsünde, daß ihm jedes Mittel recht war, um Stimmung zu machen.

Seine eigene Erfahrung lehrte ihn: Was man zuwege bringt, hängt davon ab, wie einem zumute ist. Für die

Gesellschaft folgte daraus, daß jede Bewegung eine veränderte Gemütslage voraussetzte. Die Philosophen hatten die Welt nur verschieden interpretiert; es kam aber darauf an, sie anders zu fühlen. Indem die Demokratie Traditionen beseitigt, Vorschriften aufhebt und Institutionen schleift, bricht sie dem Gefühl Bahn. Sie erzieht die Staatsmänner nicht dazu, die eigenen Leidenschaften abzutöten und die Launen des Volkes zu bändigen. Es ist ihr Vorteil im welthistorischen Wettbewerb, daß sie ihren Erfolg durch einen kollektiven Willensakt herbeiführen kann: Die Republik ist so stark, wie sie sich fühlt, und wie sie sich fühlt, hat sie in der Hand. Wo im klassischen Republikanismus die heroische Phantasie die Heldentaten vorbereitete, gilt heute der Traum der Größe schon für die Wirklichkeit. Wenn das Volk in gehobener Stimmung zu sein scheint, kann der Politiker sich auf seine Wiederwahl freuen.

Man darf Kohls Metaphysik nicht auf die Formel bringen, das Bewußtsein bestimme das Sein. Bewußtsein und Sein waren eins; Kohl faßte die Realität idealistisch und den Geist somatisch auf. Der argumentative Überredungsstil der sechziger und frühen siebziger Jahre war nur eine Methode seiner Kunst der Seelenführung. Wenn er um Zustimmung warb, wollte er den ganzen Menschen ergreifen. »Die Hälfte des Geschehens in einer modernen freien Gesellschaft ist Psychologie.« Nicht das Geschehen selbst, sollte man meinen, besteht aus Psychologie, der Lehre von den Seelenvorgängen; die Psychologie erklärt lediglich die seelischen Ereignisse, die fünfzig Prozent der Vorkommnisse in einer freien Gesellschaft ausmachen. Aber der Politiker ist Psychologe, wenn er Herzen gewinnt und Zungen löst. Daß jede zweite Handlung ein solcher Akt der sanften Beeinflussung sein soll, zeigt noch einmal, wie sich Politik und Leben in Kohls Denken verschlangen. Die Politik als Kunst, Menschen in Bewegung zu bringen, wird auch vom Priester und vom Unternehmer praktiziert. Sie wirkt auf das Leben ein, aber sie geht auch im Leben auf; sie kann auf äußeren Zwang verzichten, greift auf die Körper nur über die Seelen zu. Die Weltbildproduktion durch Rhetorik und Werbung gefährdet die Freiheit nicht etwa, sondern garantiert sie. Kohl befand sich durchaus auf der Höhe der soziologischen Theoriebildung, die mit Begriffen wie Wissensgesellschaft oder Erlebnisgesellschaft umschreibt, daß die Vergesellschaftung im Kopf oder im Bauch anfängt.

Unter Kohls Kanzlerschaft ging ein humanwissenschaftlicher *terminus technicus* in die Alltagssprache ein: der Begriff der Mentalität. Die Geschichtswissenschaft bezeichnet damit ein Ensemble von Überzeugungen, Gefühlslagen, Einstellungen und Verhaltensweisen in einer Gruppe, das sich nicht beliebig zergliedern läßt: Materielle Lage und ideeller Drang, Gewohnheit und Reflexion, Anpassung nach innen und Abgrenzung nach außen spielen zusammen. In den achtziger Jahren wurde es üblich, Schwierigkeiten der Verständigung nicht nur zwischen Nationen oder Schichten, sondern auch zwischen einzelnen damit zu begründen, das Gegenüber habe eben eine andere Mentalität. Der Abbruch der hermeneutischen Bemühungen brachte hier Toleranz hervor: Wer mental anders verfaßt war, dem war nicht zu helfen; den mußte man nehmen, wie er war. Seelengeschichtliche Prägungen wurden naturalisiert: Darin drückte sich das Ende des pädagogischen Optimismus aus, freilich auch die gelassene Einschätzung, daß die Errungenschaften der Aufklärung in Deutschland nicht mehr gefährdet waren; es lohnte die Mühe nicht, jemandem seine Mentalität ausreden zu wollen.

Es ist allerdings paradox, einem Individuum eine Mentalität zuzuschreiben: Daß eingefahrenes Denken und reflexhaftes Verhalten zusammengehen, ist charakteristisch für Gruppen, in denen der eine am anderen Halt findet. Man hat eine Mentalität nicht, sondern hat an ihr teil. Am Individuum soll der Begriff aber gerade das Individuelle benennen, einen Eigensinn, der für den gemeinen Verstand undurchsichtig bleibt. So werden am Individuum Züge bezeichnet, die man mit dem Kollektiv verbindet: die Abhängigkeit von Stimmungen, das Schwanken zwischen Öffnung zur Welt und Selbstbespiegelung, der Umschlag vom Zögern zum Entschluß. Es ist, als wäre sich das Individuum seiner Grenzen zur Welt nicht sicher, als suchte es Berührungen und Reize, um ein Gefühl seiner selbst zu bekommen. Einen solchen Menschen muß man aus seiner Geschichte verstehen; er hat im Kontakt mit der Welt seine Eigenarten ausgebildet wie eine Tierart, die sich über unzählige Generationen ihrer Umgebung anpaßt.

Der fachhistorische Begriff der Mentalität ist ein Konstrukt des nachträglichen Beobachters; die Bergbauern oder Hexenverfolger hätten nie von ihrer Mentalität sprechen können, weil sie ihnen selbstverständlich war. Hat der einzelne eine eigene Mentalität, dann kann er sie auch selber in den Blick nehmen; er meint dann diejenigen seiner Eigenschaften, die zu ändern er nicht fähig oder willens ist: Autobiographie wird zur Naturgeschichte. Ähnlich naturalisiert den Geist das Adjektiv mental. Verstand und Gefühl sollen eins sein; Geistesstärke zeigt sich als Selbstsicherheit. Wer mentale Probleme hat, dem ist der Intellekt nicht zum Instinkt geworden; wer seinem Körper das Denken überlassen kann, der ist, wie es Boris Becker, ein Heros der Ära Kohl, für sich in Anspruch nahm, »mental gut drauf«.

Wie im gesunkenen Kulturgut des Begriffs der Mentalität der Gedanke der diffusen und dennoch stabilen Gruppenidentität das Modell eines so vagen wie harten Persönlichkeitsbegriffs abgab, so deutete Kohl umgekehrt gesellschaftliche Prozesse nach dem Vorbild seelischer Vorgänge. »Eine freie Gesellschaft lebt eben entscheidend vom psychologischen Umfeld.« Zwar hat die Gesellschaft eigentlich keine Umwelt, denn sie ist schon alles; außerhalb ihrer gibt es höchstens die Natur. Aber diese Variante von Kohls sozialpsychologischem Grundgesetz war nicht einfach eine elliptische Formulierung der Regel, daß alle Bürger einer freien Gesellschaft auf Anregungen und Anreize angewiesen sind. Kohl stellte sich die Gesellschaft selbst als Individuum vor, als sensiblen Riesen. Für Hobbes bilden die Individuen erst im Staat eine Gemeinschaft; er ist der künstliche, aus Menschen zusammengesetzte Mensch. Für Kohl hatte der Staat keine Persönlichkeit; er war nur ein Organ der Gesellschaft.

Neben dem Kunstprodukt des hobbesianischen Zwangsstaates nimmt sich Kohls freie Gesellschaft wie ein Naturkind aus. Doch sie wächst nicht einfach in heile Verhältnisse hinein; Kohl restaurierte nicht den von Hobbes zerschlagenen Kosmos natürlicher Beziehungen, in dem die menschliche Gemeinschaft ihren Weg nicht verfehlen konnte. Orientierung erwartet die freie Gesellschaft von ihrem psychologischen Umfeld: Sie verdoppelt sich gleichsam; der Welt der Tatsachen, Interessen und Machtbeziehungen tritt eine Welt der Ziele, Hoffnungen und Geistesverwandtschaften gegenüber.

Ein Umfeld schreibt man gewöhnlich jemandem zu, der in ungeordneten Verhältnissen lebt, einem jugendlichen Straftäter aus zerrütteter Familie oder einem Berufspolitiker, den mit seinen Beratern Vertrauensverhältnisse jenseits bürgerlicher Formen verbinden. Im Februar 1997 lehnte Kohl eine Erklärung über seine Absichten im Blick auf die Bundestagswahl 1998 mit der Begründung ab, er müsse zunächst mit seinem »persönlichen Umfeld« sprechen. Das Überleben der Gesellschaft hängt, wie Kohl darzulegen nicht müde wurde, von der Familie ab; als es um seine eigene Zukunft ging, sagte er nicht, daß er mit seiner Frau und seinen Söhnen Rücksprache halten müsse, obwohl auch sie gewiß gemeint waren. Er war auf sein Umfeld angewiesen, das freilich nur existierte, weil er in der Mitte des Feldes stand. Ein Umfeld ist keine Institution, die als solche Bestand hat. Gerade das informelle Arrangement verpflichtet beide Seiten zur Loyalität. Wenn Kohl von jemandem in seinem »persönlichen Umfeld« den »Eindruck« hatte, »der hat mich verraten«, wollte er »mit dem nichts mehr zu tun haben«. Eine Neigung zum Allgemeinen trat in Kohls Aussagen zur eigenen Person hervor. Er verwischte die Konturen seiner Persönlichkeit, als wollte er mit seinem Umfeld verschmelzen.

In Kohls Epoche diskutierten die Philosophen ausführlich die Krise des Subjekts. Die Verwandlung des Geistes in die Mentalität ging einher mit der Ersetzung des Willens durch unwillkürliche Vermögen der Orientierung. Kohl war doppelt stark, weil er sich nicht in den Anzug des Subjekts zwängte und weil er damit rechnete, daß seine Zeitgenossen ihn ungern trugen. Er wollte unersetzlich sein, aber nicht unverwechselbar. Seine Kollegen konnte er zur Verzweiflung treiben, wenn er die Forderungen der Neuzeit an den vernünftigen Menschen nicht erfüllte. Er trat nicht mit Descartes aus der Welt heraus und mußte daher auch nicht mit Kant seine Maximen auf ihre Verträglichkeit mit der Welt überprüfen. Die Bestätigung seines Selbstgefühls, den Beweis, daß auf seine Existenz etwas ankam, suchte er im Gruppenerlebnis, im Beifall der Partei, im Andrang der Menge. Er war mit seinen Absichten nie allein; so erübrigte sich der Test auf ihre Verallgemeinerbarkeit. Wenn er häufig nicht klar darlegen konnte, was er wollte, lag das daran, daß viel davon abhing, was die anderen wollten. Kohl rechnete damit, daß auch andere lieber im Verein Erfolg hatten, als einsam zu scheitern.

Er unterschätzte nicht den Stolz desjenigen, der sich seines eigenen Verstandes bediente, und wußte ihm zu schmeicheln; aber er rechnete damit, daß er den Eigensinn vernachlässigen durfte, wenn das psychologische Umfeld stimmte. Ein jeder ist, wie er ist, hat seine Mentalität; aber nur gemeinsam kommt man weiter. In den Mainzer Tagen zog Kohl Persönlichkeiten an sich, die ihn an Wissen und Sprachgewandtheit übertrafen. Sie gaben der CDU eine Stimme, die Bildungsbürger mit Wohlgefallen vernahmen. Zwei von ihnen, Richard von Weizsäcker und Roman Herzog, wurden Bundespräsidenten, Oberredner der Nation und Richter des politischen Geschmacks. Kohl nahm ihren intellektuellen Vorrang hin, weil er wußte, daß der politische Wettbewerb nicht wie eine Abiturprüfung verläuft. Er erkannte, wie es Plutarch vom athenischen Strategen Nikias berichtet, »daß das Volk sich der Erfahrung redegewandter oder durch Einsicht ausgezeichneter Männer zwar für gewisse Zwecke bediente, dabei aber stets die geistige Überlegenheit beargwöhnte«.

Die Schwäche seines großen Gegenspielers Strauß war der Glaube, ihm werde der Platz vorenthalten, der ihm als Auszeichnung seiner Intelligenz gebühre. Dieselbe Selbstüberschätzung des Verstandes, der verkennt, daß er zur Wirkung ein Umfeld braucht, beobachtete Kohl an Strauß' Musterschüler und Nachfolger im Amt des bayerischen Ministerpräsidenten, Edmund Stoiber. In Stoibers Gegenwart erinnerte Kohl sich 1997 öffentlich, er habe es »früher in der Schule genossen, wenn der Primus mal 'ne schlechte Note heimbrachte und auf die Nase fiel«. Unangenehm berührt an dieser Reminiszenz das Bild vom Sturz aufs Gesicht. Zu nahe liegt es, sich auszumalen, daß der schon als Schüler hünenhafte Helmut auch dann lachend daneben stand, wenn der gewiß mit weniger Muskelmasse als Gehirnschmalz ausgestattete Klassenbeste nicht nur metaphorisch stolperte.

Erträglich wird die Schadenfreude im Rahmen eines optimistischen Weltbilds: Niemandem soll alles gelingen, aber jedem etwas. Kohl setzte nach der Erinnerung seiner Mitschüler schon als Klassensprecher das Interesse der Gesamtheit gegen den Egoismus der Fleißigen durch. Die besseren Schüler überredete er, die schlechteren abschreiben zu lassen, Streber schüchterte er ein. Der Langsamste soll das Tempo des Lernens bestimmt haben, zugleich aber verpflichtet gewesen sein, sich zu steigern. Wenn diese soziale Marktwirtschaft des Wissenserwerbs wirklich funktioniert hat, hat Kohl wohl mehr mit psychologischem Einfluß gearbeitet als mit den handfesten Druckmitteln, die ihm ebenfalls zu Gebote standen. Auch später als Wirtschaftspolitiker hat Kohl sich mit der ausgleichenden Gerechtigkeit identifiziert und ihr gegebenenfalls nachgeholfen. Er stützte die Sozialausschüsse – und ihren Vorkämpfer Blüm –, ohne ihnen jedoch selbst je beizutreten.

Schon das Regime des Klassensprechers hätte dynamische Demokratie heißen können. Das Klassenvolk wählte nicht bloß durch Mehrheit einen Sprecher, der das Interesse der Gesamtheit gegenüber den Lehrern vertrat und auf die Gleichbehandlung aller achtete. Vielmehr wurde mit informellen Mitteln auch solches Verhalten im Sinne des Gesamtinteresses reguliert, auf das Mehrheitsbeschlüsse keinen direkten Einfluß hatten. Nicht nur die Politik der Klasse wurde durch das von der französischen Besatzungsmacht eingeführte Sprecheramt demokratisch organisiert; das Prinzip strahlte auf alle Bereiche des Schullebens aus.

Was Kohl in Bonn über die fortwährende Fortentwicklung der Demokratie ausführte, hätte auch Willy Brandt einem SPD-Parteitag darlegen können, sieht man einmal davon ab, daß Kohl seinen Vortragsstil so dynamisch gestaltete, daß sein verschlungener Satzbau die Unübersichtlichkeit einer auf allen Ebenen demokratisch verfaßten Gesellschaft vorausahnen ließ. Tatsächlich war der Begriff der dynamischen Demokratie eine Prägung des sozialdemokratischen Politikwissenschaftlers Richard Löwenthal, bei dem Kohls Mitarbeiter Horst Teltschik studiert hatte.

Wer mehr Demokratie wagen wollte, hatte aber damit noch nicht gesagt, wozu er die sich vermehrenden Volksvertreter in der Sache ermutigen wollte. Im Namen der Dynamik ließen sich die umständlichen Verfahren der repräsentativen Demokratie als formal kritisieren, ohne daß man die vermißten Inhalte benennen mußte. Die von der sozialliberalen Regierung betriebene Demokratisierung aller Lebensbereiche lief auf eine Politisierung der Gesellschaft hinaus: Wo nach Sachgesichtspunkten oder aus Machtvollkommenheit entschieden worden war, sollte die Mehrheit den Ausschlag geben. Jede Mehrheit für die Expansion der Politik produzierte freilich eine Minderheit, der die Politik zu weit ging. Und diese Minderheit wird in der Demokratie unweigerlich irgendwann zur Mehrheit. Der Opposition lag nichts näher, als sich auf die Seite der Ernüchterten zu stellen und den Gezeitenwechsel abzuwarten.

Daß die Ära der Reformen sich dem Ende zuneige und das Leben sich erst einmal von der Politik erholen müsse, konnte niemand mit derselben Autorität verkünden wie Kohl. Mit Schwung hatte er das Rad der Modernisierung angeworfen; ihn konnte man nicht verdächtigen, er wolle es zurückdrehen. »Luzifer« hatten ihm die frommen Dörfler nachgerufen, deren Kinder er entführt hatte; nun stellte sich der Höllenfürst an die Spitze der Schutzgemeinschaft des Paradieses der Unpolitischen. Schon 1971 hatte Kohl ein Büchlein publiziert, in dem er das Ende der Reformeuphorie feststellte. Der Wille der Obrigkeit genüge nicht, um die Verhältnisse zu verändern; »gesellschaftspolitische Erfolge« setzten »die Beteiligung und Leistung von Millionen Menschen« voraus. Geschickt kehrte der Autor die Rhetorik der Partizipation gegen ihre Erfinder und bot das Volk gegen die Volksbeglücker auf. So konnte der CDU-Vorsitzende zwei Jahre später einer dynamischen Demokratie das Wort reden, die die Dynamik der Demokratisierung bändigen sollte. Gelang die Mobilisierung des eigenen Anhängerpotentials, konnte das Tempo der gesellschaftlichen Veränderung gebremst werden. Diese Strategie ging etwa in der Schulpolitik auf, wo imposante Manifestationen des Elternwillens die vorgeblich demokratischen Erziehungsziele der Lehrplanbauer diskreditierten.

Doch die Verteidiger privater Entscheidungsspielräume litten unter einem taktischen Nachteil: Es war paradox, in der Politik gegen die Politik zu argumentieren. Die Union gab die Rhetorik der Modernisierung nicht auf; im politischen Wettstreit ging es immer darum, den Gegner zu überholen. In die Programmsprache zog Doppeldeutigkeit ein; die Schlüsselbegriffe konnten politisch und unpolitisch gelesen werden. Wenn etwa die Deidesheimer Fassung des CDU-Programms verkündete, die Partei trete für die »Selbstverwirklichung der Person und der Freiheit des einzelnen« ein, dann wurde damit zum einen ein Individualismus proklamiert, der staatliche Aktionen etwa zur Herstellung der Chancengleichheit notwendig machen mochte; zum anderen konnte man die Verwirklichung des persönlichen Lebensentwurfs in der Freiheit vom Staat suchen. Schon Solon soll diese Rhetorik der Zweideutigkeit kultiviert haben. Sein Ausspruch, Gleichheit führe zu keinem Streit, fand Plutarch zufolge sowohl bei den Besitzenden als auch bei den Besitzlosen Beifall. Die einen verstanden ihn als Bestätigung des Status quo, da sie das gleiche Recht der Tüchtigen schon verwirklicht glaubten. Die anderen lasen aus ihm die Ankündigung einer grundstürzenden Reform heraus, da sie von der Gleichheit nach Köpfen träumten.

Die wichtigste Wortschöpfung des Generalsekretärs Biedenkopf war die »Neue Soziale Frage«, über die sich der Bundesvorstand 1975 in der Mannheimer Erklärung verbreitete. Sie ließ zwei gegensätzliche Antworten zu. Beschrieben wurde ein Konstruktionsfehler des Sozialstaats: Er sollte Gerechtigkeit herstellen, indem er zwischen den organisierten Interessen vermittelte, produzierte aber auch Ungerechtigkeit, insofern alle zu kurz kamen, die ihre Interessen nicht organisiert hatten. Wie konnte Alten, Arbeitslosen,

Müttern mit Kindern geholfen werden? Sollten sie sich ebenfalls zusammenschließen, um erhöhte staatliche Zuwendungen zu erwirken? Das war die Antwort der Sozialpolitiker. Oder sollte der Staat den Interessenverbänden seine Gunst entziehen und sich auf seine Kernaufgaben zurückziehen? Das war die Antwort der Ordnungspolitiker.

Die CDU sollte sich der Reformrhetorik bedienen, so Biedenkopfs Erwägung, der Sprache der Fragen und Antworten, Ziele und Pläne, um eine Reform der Reformen anzukündigen. Auch diese Reform, die den Staat entlasten sollte, wäre freilich dem Schicksal nicht entgangen, ungeplante Nebenfolgen hervorzubringen. Die Mannheimer Erklärung verlangte von den Verbänden, ihre Organisation auf demokratische Grundsätze zu stellen. Dahinter stand die Erwartung, habe die Mehrheit der Mitglieder das Sagen, werde sie den Funktionären keine politische Eigenmächtigkeit gestatten. Wenn aber entlang parteipolitischer Linien gewählt worden wäre, wären die Verbände, denen doch ihre Privilegien genommen werden sollten, nur noch näher an den Staat gezogen worden. Strebte die moderne Volkspartei, die das Volk am besten vertreten konnte, wenn sie mit ihm verschmolz, die Befreiung des Bürgers von der Politik an oder die Politisierung aller Lebensbezüge?

Diese Ambivalenz kulminierte in der apokalyptischen Kampagne des Jahres 1976: Die Union stellte die Wähler vor die Entscheidung zwischen Freiheit und Sozialismus, als wäre die Bundestagswahl die Entscheidungsschlacht des Kalten Krieges. Diese Unterwerfung der Innenpolitik unter das Gesetz der Außenpolitik zeigte einerseits noch einmal, daß im Nachkriegsdeutschland die Politik das Schicksal war. Die Logik der Freund-Feind-Unterscheidung duldete keine unpolitischen Zonen. Andererseits war die behauptete Verbindung zwischen der äußeren Bedrohung des Staates durch die Sowjetunion und der inneren Veränderung des Landes durch die sozialliberale Regierung so unwirklich, daß das Gegenangebot der Union nicht realistisch ausfallen konnte. Wenn alle Wege der Reform nach Moskau führten, lag das Heil im Ausbruch aus der Politik. Die Parole der Freiheit wurde zur utopischen Verheißung einer Welt ohne Pädagogen, Gewerkschafter und Steuerbeamte.

Im Kampf um Begriffe und Gefühle profitierte die CDU von den Folgen der Kulturrevolution von 1968, die sie zu bekämpfen behauptete. Dem verbreiteten Gefühl, keine Institution könne den Individuen vorschreiben, wie sie ihr Leben einzurichten hätten, kam die Union entgegen, indem sie den Reichtum zu schaffen versprach, der jedermann den Griff nach dem Glück gestatten sollte. Im klassischen Republikanismus gelten Freiheit und Luxus als unvereinbar; wer sich der Sinnlichkeit hingibt, vergißt die Politik. Nicht asketische Selbstbestimmung, sondern grenzenlose Wunscherfüllung war der Gegenbegriff zum Sozialismus. Signale der moralischen Lässigkeit setzte auch die Wahlkampfästhetik. Auf einem Plakat forderte eine leichtgeschürzte Blonde den Gegner zum Boxkampf: »Komm aus deiner linken Ecke«.

In Wahrheit waren es die Anhänger der Union, die sich am Rande des Kampfplatzes drängten. Das Mißtrauen gegenüber dem politischen Prozeß, an das CDU und CSU appellierten, durften sie ihren Sympathisanten nicht nehmen. Viele von diesen ließen sich auf Argumente gar nicht erst ein; sie sagten nichts, beklagten sich nur darüber, daß ihnen niemand zuhöre. Elisabeth

Noelle-Neumann stellte diesen Sachverhalt auf den Kopf, als sie zur Erklärung von Kohls Wahlniederlage 1976 die Theorie der Schweigespirale entwickelte. Die Distanz breiter sich für bürgerlich haltender Kreise zur bürgerlichen Öffentlichkeit deutete sie um zu einer Benachteiligung der rechtdenkenden Mehrheit durch die Minderheit der berufsmäßigen Wortproduzenten. Die Zustimmung, die Kohl entgegengeschlagen sei, habe keinen Widerhall in den Medien gefunden; die Unterstützung für die CDU sei dadurch in den Ruch des Anstößigen geraten, man habe sich lieber bedeckt gehalten, so daß sich die Journalisten ihrerseits mit noch weniger Worten hätten begnügen können. So habe sich die fatale Spirale gedreht, bis der totgeschwiegene Retter schließlich um den Sieg betrogen worden sei.

Die Verlierer ließen sich dazu verleiten, die Legitimität demokratischer Entscheidungen namens einer angeblichen schweigenden Mehrheit in Zweifel zu ziehen. Weshalb die Rechte dieser Mehrheit verletzt sein konnten, wenn sie von ihnen keinen Gebrauch gemacht hatte, blieb dunkel. Wieder fiel der Schatten Rousseaus auf den Feldherrntisch der Christdemokraten: Im Namen des souveränen Volkes konnte jeder Akt seiner Organe für nichtig erklärt werden. Man kennt diese Verabsolutierung des aus den eigenen Wünschen deduzierten Volkswillens aus der linken Kritik an den Formen der bürgerlichen Demokratie. Auch die herabsetzende Redensart von der veröffentlichten Meinung hätte aus dem Repertoire einer Ideologiekritik stammen können, die überall sinistre Absichten vermutete. Für welche reinere öffentliche Meinung die Mißvergnügten sprachen, konnten sie nicht angeben, da auch sie ihre Ansichten zwangsläufig veröffentlichten. Wer dem Veröffentlichten nicht traut, glaubt, daß das Wahre geheimgehalten wird. Die Union, die sich mit der Mehrheit einig wußte und dennoch die Rückeroberung der Macht verfehlte, nahm ihre Zuflucht zu Verschwörungstheorien.

Nicht nur die These vom Regiment der Linken in Funk und Fernsehen, sondern auch die Warnungen vor einem Vormarsch der Marxisten an Schulen und Hochschulen drückten die Angst aus, eine Minderheit entschlossener Ideologen könne die Verhältnisse umstürzen. Dieses Feindbild läßt Rückschlüsse darauf zu, wie es um das Selbstbewußtsein der Christdemokraten unterhalb des Panzers der von ihrem Vorsitzenden beschworenen Normalität bestellt war. Sie überschätzten die Gefährlichkeit revolutionärer Doktrinen, weil sie vor dem Hintergrund der christlichen und konservativen Traditionen, die Politik auf geschlossene Weltbilder gegründet hatten, ihren eigenen Pragmatismus als Schwäche empfinden mußten. Und sie fürchteten die Entschiedenheit von Verschwörern, weil sie das Staatsbewußtsein der Bundesrepublik für nicht gefestigt hielten. Für die ältere Generation mußte der Selbstbehauptungswille eines Staates aus dem Nationalbewußtsein kommen; nach Kohls Erfahrung waren alle staatlichen Einrichtungen Wachs in den Händen des undogmatisch zupackenden Politikers.

Kohl hatte sich auf seinem Weg nach oben weder gegen Institutionen durchsetzen müssen, noch hatte er von ihrem Schutz profitiert. Die Schule stand nach der Katastrophe für keine Tradition, die Respekt gebot; Schüler und Lehrer nahmen alles selbst in die Hand. Der Militärdienst blieb dem Jahrgang 1930 erspart. Wo Kohl den Autoritäten trotzte, handelte es sich um einzelne Personen wie den Vater oder Altmeier. Genauso verkörperte sich für ihn die katholische Kirche in Priestern, für deren Rat und Zuspruch er dankbar war; von der objektiven Seite des Katholizismus, vom Halt der Überlieferung und vom Trost des Rituals sprach er nicht. In der »eigenen Entwicklungsphase« hatte er mit Begeisterung Heinrich Manns »Untertan« gelesen. »Die Veräppelung der bürgerlichen Gesellschaft, die war da ja nun genau drin.« Der langsame Verfall der bürgerlichen Welt in den »Buddenbrooks« hatte ihn nicht so sehr beeindruckt. Er hielt die bürgerliche Gesellschaft für so schwach, daß schallendes Gelächter ihre potemkinschen Mauern zum Einsturz bringen mußte.

Kohls Mathematiklehrer war ein Kommunist gewesen, der 1948 in die sowjetische Zone übersiedelte, um den Sozialismus in Thüringen aufzubauen. Er hielt außerhalb des Lehrplans Philosophiestunden und schenkte dem Siebzehnjährigen eine Auswahl der Werke von Marx. Als in den siebziger Jahren über Radikale im Schuldienst gestritten wurde, wog Kohls frühe Erfahrung von der Bildung im dialektischen Streitgespräch nichts gegen seine Furcht vor der Manipulation, zu der jede Machtbeziehung einlud. Helmut Schmidt hielt er in der Fernsehdebatte 1976 vor: »Sie und Ihre Freunde haben es ermöglicht, daß Kommunisten auf Lehrstühle berufen wurden, wo Pädagogen ausgebildet werden und wo damit automatisch auch junge Leute und Kinder von Pädagogen, die Kommunisten sind, später verführt werden.« Von den Ideologen ging nicht nur eine geistige, sondern eine sittliche Gefahr aus. Die politische Bedrohung erschien im Bild der sexuellen Versuchung. Die schaurige Szene hatte mit den Tatsachen sowenig zu tun, daß man ihr ein Mißtrauen gegenüber allen Gedanken ablesen kann, die ins Leben eingreifen wollten: Wer sich von der Politik berühren ließ, verlor seine Unschuld.

Das »Land« wolle »frei sein von Neid und Indoktrination«, erklärte der Kanzlerkandidat im Juli 1976 der Zeitung »Die Welt«. Schon seit einem Jahr führe »die persönliche Freiheit die Wunschliste der Bürger wieder an«; man müsse darüber nachdenken, »ob die Tagespolitik in ihren Einzelheiten auch wirklich noch diesem hervorragenden Prinzip entspricht«. Der Zeitpunkt dieser Aufforderung zur Nachdenklichkeit mag überraschen. Die Wahl war nur noch zwei Monate entfernt; gewöhnlich gab sich die Opposition in dieser späten Stunde nicht mehr damit ab, die Regierung zum Überdenken ihrer Politik aufzufordern. Und erübrigte die Alternative von Freiheit und Sozialismus nicht ohnehin das Denken? Nicht in den Zukunftsentwürfen der Sozialliberalen machte Kohl hier die Gefährdung der Freiheit aus, sondern in der Tagespolitik. Es gehörte für Politiker zur Routine, den Spielraum der Bürger einzuschränken; ideologischer Anstöße bedurfte es gar nicht. Die Freiheit, die Kohl meinte, wurde nicht in großen Schlachten erkämpft, sondern in Scharmützeln um die Einzelheiten.

Nicht auf einen unverrückbaren Grundwert berief sich Kohl, um die Forderung nach einer Kurskorrektur zu begründen, sondern auf einen demoskopischen Befund, der erst ein Jahr alt war. Als sicher, sozial und frei stellte sich die CDU auf ihren Plakaten dar, wobei für die Reihenfolge der Attribute gewiß rhythmische Gründe den Ausschlag gegeben hatten. War die Partei bereit, den nächsten Wahlkampf unter die Losung »Sicherheit statt Sozialismus« zu stellen, wenn das Ruhebedürfnis bis dahin die Abenteuerlust vom ersten Platz unter den Wählerwünschen verdrängt haben sollte? Aber die Lektüre der Wunschlisten war selbst bezeichnend für Inhalt und Status von Kohls Freiheitsbegriff.

Frei zu sein hieß, Präferenzen bilden zu können. Es gehöre nicht zur Qualität des Lebens, hatte Kohl 1975 ausgeführt, »unter 135 Wurstsorten wählen zu können, aber es ist Sache des Konsumenten zu entscheiden, ob er 135 Wurstsorten haben will oder nicht«. Das Erlebnis der Freiheit lag im Überfluß der Optionen. Egal wieviel man gegessen hatte, man konnte immer noch etwas probieren, sofern man es vertrug. Der Gebrauch der Freiheit war Geschmackssache.

Als das Wünschen noch geholfen hat, regierte die CDU. Ihre Politiker standen gerade deshalb vor anspruchsvollen Aufgaben, weil sie den Bürgern in deren Entscheidungen nicht hineinreden sollten. Für die Sicherung der Freiheit wählte Kohl in seinem Interview mit der »Welt« ein Bild aus dem Repertoire des optimistischen Rationalismus. »Ein Politiker ist kein Unfallarzt, sondern ein Verkehrsplaner.« Er sollte sich nicht etwa nur um die Opfer eigenen oder fremden Leichtsinns kümmern, die in einer freien Gesellschaft zu beklagen sind, sondern um die Infrastruktur der Freiheit. In Kohls Vorstellungswelt ergänzten sich der heroische Gedanke der Gestaltungsmacht der Politik und das idyllische Bild der grenzenlosen Wahlfreiheit der Bürger. Kein Tempolimit hemmte die freie Fahrt; je besser die Autobahnen waren, desto stärker konnte man beschleunigen. Der Bürger brauchte keinen Gedanken an die Politik zu verschwenden, denn der Politiker hatte schon an ihn gedacht. Feinde des Sozialismus in anderen Ländern wollten dem Wunsch nach persönlicher Freiheit durch die Privatisierung öffentlicher Aufgaben entgegenkommen. Das moralische Leben sollte nicht vorgegebene Strukturen nutzen, sondern seine eigenen Formen hervorbringen: Warum sollte der Straßenbau nicht dem Markt überlassen werden? Kohl beharrte dagegen auf der Planungshoheit der Politik, weil er zu einem unpolitischen Verständnis der Freiheit neigte.

Nicht auf dem Forum war man frei, wenn man im Streit oder im Konsens die Sorgen der privaten Existenz vergessen durfte, sondern daheim, wenn man die Tür hinter sich schloß, um mit Behagen zu erwägen, was man nicht der Welt verdankte. »Freiheit bedeutet eigenes, eigengebautes, selbstgeleistetes Glück.« Die dreifache Beschwörung des Eigenen hat etwas von einem gestammelten Zauberspruch an sich, als hätte Kohl gespürt, daß sich dem Politiker, der sich dem Ganzen verschrieb, die Genugtuung, ganz er selbst zu sein, entziehen mußte. Den Willen zum Eigenen betonte das eigenwillige Vokabular: Das Glück im Eigenbau ließ an den Hausbau denken; daß Glück eine Leistung sein sollte oder auch etwas, das man sich leistete, verriet, welche Anstrengung die Behauptung der Individualität kostete. Sprach Kohl von sich, erzählten die Floskeln der trotzigen Selbstbehauptung von der Furcht, im Gang der Dinge die Freiheit einzubüßen. »Wenn alle Welt von mir verlangt, etwas Bestimmtes zu tun, ist das für mich noch lange kein Grund, es zu tun. Ich muß selbst davon überzeugt sein.« Die feste Überzeugung führte der Mann im Munde, der wußte, daß er sich auf schwankendem Grund bewegte. Ein grollender Achilleus, der sich aus Stolz den flehentlichen Bitten des gesamten Heeres verschließt, wäre für die Demokratie schwer erträglich. Gerade weil Kohl nicht ignorieren konnte, was alle Welt forderte, mußte er darauf bestehen, daß er sich aus freiem Willen fügte.

Diese Behauptung war nicht zu widerlegen. Ob eine Handlung von außen verursacht wird oder von innen motiviert ist, läßt sich empirisch nicht entscheiden.

Aber Kohl hielt sich die unliebsamen denkbaren Ursachen mit allzu theatralischer Geste vom Leib: Was die Menge forderte, war für ihn nicht bloß kein Grund, sein Verhalten zu ändern, sondern noch lange kein Grund. So simulierte er einen Spielraum, den er gar nicht nutzen wollte. Superlative hoben ihn über die Handelnden hinaus: Andere waren optimistisch, er hatte die größte Zuversicht. Unterließ er etwas, durfte man sicher sein, daß er nicht einfach keinen Anlaß sah, es zu tun, sondern nicht den geringsten. So bemühte er sich, das Naheliegende als das Abwegige auszugeben. Wenn er sagte, er denke gar nicht daran, diesen oder jenen Schritt in Betracht zu ziehen, ahnte man, daß der fatale Gedanke ihn schon heimgesucht hatte.

Die treibende Kraft hinter Kohls Handlungen sei seine Gewißheit von der Identität mit sich selbst, schrieb die »Frankfurter Allgemeine« Ende März 1979, als die Stimmenverluste bei der Wiederwahl zum Parteivorsitzenden auf dem Kieler Parteitag die Zweifel verstärkten, ob die Partei ihn noch einmal als Kanzlerkandidaten tragen werde. Während immer mehr seiner erklärten Freunde und unerklärten Feinde die Auswechselung des Spitzenmannes für geboten hielten, blieb wenigstens er selbst sich unersetzlich. Im Frühsommer 1979 mußte Kohl eine doppelte Demütigung hinnehmen: Zunächst zog er seinen Anspruch auf die Kanzlerkandidatur zurück und präsentierte an seiner Statt den niedersächsischen Ministerpräsidenten Albrecht; dann hatte er den Vorsitz in der Sitzung zu führen, in der die Fraktion sich für Strauß entschied. Was als Selbstaufgabe in Etappen wahrgenommen wurde, läßt sich als taktische Rückzugsbewegung deuten, die ein imperiales Selbstbewußtsein kommandierte. Wie Kutusow vor Napoleon zurückwich, um in der Weite des russischen Raumes Kräfte zu sammeln, so konnte Kohl auf Ressourcen in den Tiefen seiner Seele zurückgreifen, von denen seine Gegner nichts ahnten.

Daß Kohl gleich zwei Rivalen in ihr Unglück laufen ließ, indem er Albrecht in den Kampf gegen Strauß schickte und Strauß in den Kampf gegen den eigenen Dämon, findet heute weithin Bewunderung als machiavellistische Meisterleistung. Ein Kunststück aus dem Lehrbuch der reinen Politik: Kohl mußte Zeithorizonte ausmessen, Stimmungen einschätzen, Menschen durchschauen. Das Alter der Hauptfiguren hatte er ebenso ins Kalkül zu ziehen wie die anhaltende Beliebtheit Helmut Schmidts im Volk und die zunehmende Verstimmtheit der FDP über die SPD. Kohl war zu schwach, um die Kanzlerkandidatur festzuhalten, und weil man seine Schwäche sah, ließ man ihm den Vorsitz von Partei und Fraktion, statt den Bundestagswahlkampf mit einem Erbfolgekrieg zu eröffnen. Paradoxerweise konnte Kohl sich seiner Unersetzlichkeit desto sicherer sein, je mehr Ersatzkandidaten sich der Öffentlichkeit empfahlen. Er freue sich, erzählte er in vertrautem Kreis, daß er fünf ernstzunehmende Rivalen habe. »Einer allein wäre vielleicht gefährlich, aber fünf bringen sich gegenseitig um die Wirkung beim Publikum.« Als schon zwei Jahre nach der Niederlage der Kanzlerwechsel möglich wurde, befand Kohl sich in einer Position der Stärke, aus der niemand ihn vertreiben konnte.

Das Erstaunliche des Erfolges ermißt nur, wer sich die Risiken vor Augen führt. Kohl handelte nach der Devise: Wer sich selbst erniedrigt, wird erhöht werden. Die psychischen Kosten des Vorgehens waren beträchtlich. Der CSU-Landesgruppenvorsitzende Zimmermann war überrascht, daß Kohl nicht zurücktrat, als die Fraktion nicht einmal seinen Ersatzmann zu akzeptieren bereit war. Er ließ keine Gefühlsregung erkennen, als er das Ergebnis der Abstimmung verkündete. Daß er im Moment der Niederlage keine Leidenschaft verriet, mag manchen Kollegen in der Einschätzung bestärkt haben, daß er nie das Zeug zum Kanzler gehabt habe. Aber wo Strauß die Dinge überwältigen wollte, da bäumte Kohl sich nie gegen sie auf. Und wo Strauß zur Enttäuschung seiner Getreuen im Innersten ein Zauderer war, der sich durch Temperamentsausbrüche selbst in Kampfesstimmung versetzen mußte, da hatte Kohl solche Selbstüberredung nicht nötig.

»Man kann nicht immer gewinnen«, sagte Kohl in der Nacht vom 2. auf den 3. Juli 1979. Liest man den Satz heute, hört man aus der Lakonie die Souveränität eines Ironikers heraus, der unerfreuliche Ereignisse aus schweren Brocken in Sandkörner zu verwandeln verstand, indem er sie zu Einzelfällen der Gesetze der Weltbewegung erklärte. Weniger konnte Kohl aus der Niederlage nicht folgern, als daß sie eben eine Niederlage war. Und doch legte er mit dem Gemeinplatz die spieltheoretische Maxime offen, an der er jeden seiner Züge ausgerichtet hatte. Niemand kann immer gewinnen, und Kohl konnte 1979 nicht gewinnen. Die Kandidatur hätte er nur in einem harten Kampf an mehreren Fronten erstreiten können, der die Wahlaussichten der Union von vornherein verschlechtert hätte. Hätte er seine Kür erzwungen und dann, was nach Auskunft der Demoskopen zu befürchten war, gegenüber 1976 Stimmen verloren, hätte die Partei ihm keinen dritten Versuch mehr erlaubt. Lieber überließ er es einem anderen Kandidaten, sein Rekordergebnis von 1976 zu verfehlen. Hatte die Union diesen Prätendenten gegen seinen Rat auf den Schild gehoben, traf ihn erst recht keine Schuld am Gemetzel. Er beschied sich damit, eine Weile der Zweite im eigenen Lager zu sein, um doch noch der Erste im ganzen Land werden zu können. So stellte er die Situation auf den Kopf: Da er sich 1979 kampflos geschlagen gab, konnte er 1980 nur gewinnen.

Selbst im unwahrscheinlichen Fall eines Wahlerfolgs der Union hätte er als fünfzigjähriger Vorsitzender der großen Regierungspartei und der gemeinsamen Fraktion neben dem von der kleinen Partei gestellten fünfundsechzigjährigen Kanzler zu den Siegern gehört. Aber damit die auf dem Papier fehlerfreie Kalkulation aufging, mußte er sich so rational verhalten, wie es das Modell verlangte. Er mußte von allem Persönlichen abstrahieren und sich auf seine Funktionen zurückziehen, durfte nicht zu erkennen geben, wenn er gekränkt oder gereizt war, wollte er nicht nach der erwarteten Niederlage den Vorwurf der Illoyalität auf sich ziehen. Vom Menschlichen sprach er im Rückblick in der denkbar nüchternsten Sprache, im Idiom des Buchhalters: »Gerade in dem für mich kritischen Jahr 1979 habe ich Freunde als Freunde erkannt, die ich vorher vielleicht gar nicht gesehen habe. Ich habe auch den einen oder anderen, den ich glaubte, zu den Freunden rechnen zu können, in diesem Saldo-Vortrag abgebucht.«

Wer Kohl für überfordert hielt, vermißte die Sicherheit des Auftretens, das Verschwinden der Person hinter der Rolle. Hilflos hatte er im Februar 1979 bei einer Fernsehdiskussion im Haag ausgesehen, wo Teile des Publikums die gesamte Bundesrepublik unter Faschismusverdacht stellten. Auch wer die unsachlichen Fragen bedauerte, empfand es als niederschmetternd, daß Kohl jeden Sinn für die Selbstverteidigung im Wortgefecht vermissen ließ und sich lediglich wütend und beleidigt äußerte. Strauß hätte eine solche Demaskierung nicht zugelassen, hieß es in einem Leserbrief an die »Frankfurter Allgemeine«. Sollten die Provokateure die Absicht gehabt haben, dem häßlichen Deutschen die Maske vom Kopf zu reißen, so mußten sie allerdings verblüfft feststellen, daß sich unter der Oberfläche der Unverbindlichkeit kein zweites Gesicht befand. Als seine Bekundungen der Freundlichkeit zurückgewiesen wurden, wußte Kohl einfach nicht, wie er reagieren sollte. Die Demaskierung im Sinne des Leserbriefautors bestand in der Enthüllung, daß Kohl gar keine Maske trug.

Statur gewann der Oppositionsführer eigentlich erst, als er die politische Führung der Opposition an Strauß abgegeben hatte. Zwischen der Berechenbarkeit des loyalen Parteidieners und der Originalität des zum Herrschen geborenen Talents konnte man nun Tag für Tag im direkten Vergleich abwägen. Daß Kohl in Formeln sprach und nach Kompromissen suchte, galt nicht mehr als Ausweis von Führungsschwäche, sondern beruhigte die Partei, die sich mit der Berufung des bayrischen Generalissimus auf ein Abenteuer eingelassen hatte. Sie wollte für Strauß kämpfen, aber nicht mit ihm untergehen. Im Ausnahmezustand war sie dankbar für jede Erinnerung an die Normalität. Daß Kohl die Geschäfte führte, war ein Versprechen für die Zeit nach dem 5. Oktober 1980: Das Leben ging weiter. Selbst wenn Kohl gegen Schmidt wie 1976 als Rächer der Entehrten auftrat, wirkte er nicht länger dünnhäutig und unbeherrscht, nahm er doch nicht mehr vor allem sich selbst in Schutz, sondern die Ehre von Franz Josef Strauß. Auch Schmidt, der der Öffentlichkeit imponierte, weil er die Liebe seiner Partei nicht brauchte, reichte in der Fähigkeit, alles Persönliche der Sache unterzuordnen, nicht an Kohl heran, der für die Kanzlerwahl eines Mannes kämpfte, der ihm »die charakterlichen, die geistigen und die politischen Voraussetzungen« für das erste Amt im Staat abgesprochen hatte.

Oder war diese Sachlichkeit Ausdruck einer Persönlichkeitsschwäche? Wieviel Selbst war da, das Kohl verleugnen mußte? Hatte Kohl seine Bestimmung gefunden, als er nicht mehr sich selbst für den ersten Platz empfehlen mußte, sondern selbstlos nur noch das Alltagsgesicht der Partei abzugeben brauchte? Man mochte meinen, er habe alle Selbstachtung verloren, als er den Vorsitz der Fraktion behielt, die statt des von ihm vorgeschlagenen Kandidaten seinen schlimmsten Widersacher auf den ersten Platz setzte. In Wahrheit konnte er gerade deshalb auf seinem Posten bleiben, weil für ihn nur zählte, daß er seine Achtung vor sich selbst bewahrte, auch wenn er den Respekt der Welt verlor. Dem Diktator Fabius Maximus, dem berühmten Zögerer, der wegen seiner bedächtigen Art unterschätzt wurde, stellten die Römer im Kampf gegen Hannibal den Marcus Minucius als gleichberechtigten Mitkommandanten an die Seite, einen aufgeblasenen, von krankhaftem Ehrgeiz getriebenen Mann. Aber das Volk täuschte sich im Charakter des Fabius, wenn es glaubte, er sei nun gelähmt und gedemütigt. Plutarch vergleicht ihn mit dem weisen Diogenes, der auf die Bemerkung »Man verspottet dich« zur Antwort gab: »Aber ich werde nicht verspottet.«

Kohls Motto war ein trotziges Bekenntnis: »Ich bin nicht zu beirren, weder durch Furcht noch durch Tadel.« Das ist einer jener Sätze Kohls, die so simpel daherkommen, daß man gar nicht genauer hinsehen möchte. Nimmt man sie aber beim Wort, tun sich rätselhafte Untiefen auf. Man versteht, was es heißen soll, daß jemand sich durch Tadel nicht irremachen läßt. Ein schöner Zug ist das nicht, was man sofort erkennt, wenn man die archaische Floskel in Begriffe von heute übersetzt: Kritik ist ihm egal. Eine solche Haltung nennt man pubertär, und nur unter Jugendlichen ist es verbreitet, sich ihrer zu brüsten. Man muß zugeben, daß Christen und Demokraten es nicht immer ernst meinen, wenn sie zur Widerrede einladen, und man mag Kohls Ehrlichkeit lobenswert finden. Was aber wollte es bedeuten, daß die Furcht für ihn keine Irritation war? Entweder war die Furcht der anderen gemeint. Wer von seinem Weg nicht abweicht, auch wenn er Angst und Schrecken verbreitet, mag es zum Alleinherrscher bringen. Oder Kohl hatte die eigene Furcht im Sinn. Diese Möglichkeit ist noch abgründiger. Dann hätte Kohl mit dem Tyrannen die Unempfindlichkeit gegenüber den eigenen Empfindungen gemein. Wer keine Furcht kennt, hat die Gesellschaft der Menschen verlassen. Er muß seines Überlebens absolut sicher sein, wenn er auf die Warnzeichen keine Rücksicht nehmen will, die sein eigener Körper ihm schickt.

Daß Kohl sich durch nichts beirren ließ, ist nicht so sehr eine Aussage über sein äußeres Verhalten als über seine innere Haltung. Natürlich war er bemüht, Kritik zu vermeiden und Kredit zurückzugewinnen. Aber daß seine Taten auf Mißbilligung stießen, war für ihn einfach eine Tatsache, wie andere Folgen dieser Taten auch. Er gestand niemandem das Recht zu, ihn zu tadeln, und fürchtete den Tadel insofern nicht, als er sein Selbstgefühl nicht erschüttern konnte. Wer von der Welt verworfen wird, kann sich einbilden, er sei zu gut für sie. Der jüngere Cato ging in unmodischer Kleidung auf die Straße, um seine Gleichgültigkeit gegenüber dem Hohn der Mitbürger zu trainieren. Auch Kohl mag der Widerstand, auf den er stieß, gelegentlich stimuliert haben. Aber das Hochgefühl der Einsamkeit mußte in seinem Fall labil bleiben. Sein Selbstbewußtsein stützte sich auf Erfolge in der Welt; er strebte nicht den Gegenwelten der Philosophen oder der Heiligen zu, dem selbstgenügsamen Wissen oder der geistlichen Vollkommenheit. Niederlagen trieben ihn nur deshalb nicht zur Verzweiflung, weil er damit rechnete, sie in Siege zu verwandeln. Befand er sich einmal auf der Seite der Minderheit, war dieser Zustand nur von kurzer Dauer. Wer eine Mindermeinung vertritt, muß sich rechtfertigen, während der Erfolg der Mehrheit keine Erläuterung braucht. Kohl machte es Mühe, eine Entscheidung zu begründen, weil diese Übung die Denkmöglichkeit voraussetzte, daß er sich auch anders hätte entscheiden können. Er hielt sich für unersetzlich, weil er sich aus der Welt nicht wegdenken konnte: Er stand immer an seinem Ort und tat seine Pflicht, unterstützt von seinen Leuten.

Stärke und Schwäche des Ich fielen hier zusammen. Kohl zweifelte nicht daran, daß die Partei, das Land, die Welt ohne ihn unvollständig gewesen und womöglich zusammengebrochen wären; aber wer er war, konnte er nur umschreiben, indem er auf seine Arbeit für das Große und Ganze verwies. Da er keinen festen Punkt hatte, von dem aus er die Welt hätte in den Blick nehmen können, mußte er immer fürchten, sich an die Dinge zu verlieren. Jene zur Schau gestellte Selbstzufriedenheit, die empfindliche Beobachter abstieß, belegte gerade nicht die Weltfremdheit des Provinzlers, dem es an Erfahrungen mangelte. Vielmehr hatte Kohl sich so tief mit der Welt eingelassen, daß er seinen Stolz aus dem Wissen zog, er selbst geblieben zu sein.

Die unheimliche Ruhe, die Zimmermann und anderen Zeugen auf dem Höhepunkt der Kandidatenkrise ins Auge fiel, war nicht naturgegebene Trägheit, sondern unter Schmerzen erarbeitete Selbstdisziplin. Hanns Schreiner, der ihn in Mainz aus nächster Nähe gesehen hatte, entdeckte »beinahe manische Züge« an Kohls »Neigung, der zu bleiben, der er immer war«. Das Unvermögen, zwischen seiner Person und seiner Position zu unterscheiden, erwies sich 1979 als Kraftquelle. Mit dem Amt des Fraktionsvorsitzenden hätte er sich selbst aufgegeben. Es war zwar kein Zufall, daß unter seiner Kanzlerschaft die »Bastelbiographien« entdeckt wurden. Seine der Immanenz geweihte, dem Hier und Jetzt verfallene Existenz gab das Beispiel eines Pragmatismus, der sich weder durch die Vergangenheit belasten noch durch die Zukunft bestimmen ließ: Wer sein Floß seetüchtig halten wollte, durfte nicht zuviel Ballast an Bord haben. Aber er selber konnte es sich nicht leisten, seinen Lebensentwurf immer wieder neu zusammenzusetzen. Ihm stand nur eine Rolle zu Gebote, zunächst die des Anwärters, dann die des Anführers. Er hatte keine besondere Begabung entwickelt, kein spezielles Interesse gepflegt, sondern sich ganz dem Allgemeinen verschrieben. Gerhard Schröder und Gerhard Stoltenberg, im Rennen um den ersten Platz unterlegen, wahrten ihre Autorität als Fachleute für Außenpolitik und Finanzen. Für Kohl gab es 1979 keine Sonderaufgabe, gegen die er die Verantwortung für das Ganze hätte eintauschen können.

Generalsekretär Geißler legte dem Parteivorsitzenden im Frühjahr nahe, er solle sich Willy Brandt zum Vorbild nehmen: Lasse er den Ehrgeiz auf das Kanzleramt fahren, könne er zum Gewissen der Partei werden. Aber als Interpret der Parteiphilosophie hatte

Kohl noch niemanden beeindruckt. Ihm wäre es schwergefallen, glaubhaft zu versichern, die Grundwerte seien die letzten Zwecke der Politik und nicht nur rhetorische Mittel im Kampf um die Macht. Kohl bewunderte Brandts Gespür für den Strom der Zeit, die Fähigkeit, Hoffnungen eine Richtung zu weisen und Stimmungen zu verkörpern. So ist es reizvoll, sich auszumalen, Kohl hätte neben einem Kanzler Stoltenberg noch einmal wie einst gegen Altmeier den Rebellen gegen den Politikbegriff des administrativen Minimalismus gespielt, hätte wie 1968 das Bündnis mit der Parteijugend gegen Formen und Traditionen gesucht. Aber unter seinesgleichen zählte Kohl fast selbst noch zur jungen Garde; Stoltenberg war zwei Jahre älter. Wo Brandt nur die Enkel voranbrachte, wenn er seine Partei auf neue Wege zu locken versuchte, wäre ein Plädoyer Kohls für einen neuen Kurs als Versuch verstanden worden, das Steuer wieder selbst in die Hand zu nehmen. Konnte man sich Kohl nicht ernsthaft auf dem Stuhl eines Parteichefs ohne Befehlsgewalt vorstellen, galt das erst recht für den Sessel des Bundespräsidenten, der vollends nur durch Worte wirken kann. Im Sommer 1977 brachten ihn falsche Freunde als Staatsoberhaupt ins Gespräch, und noch im Januar 1979 empfahl ihn ein so formbewußter und unabhängiger Beobachter wie Bruno Dechamps, einer der Herausgeber der »Frankfurter Allgemeinen Zeitung«, als vorzüglich geeignet. In der Villa Hammerschmidt wäre Kohl der Gefangene eines ewigen Alptraums gewesen: Dem Namen nach der erste Mann im Land, hätte er, einem merowingischen Schattenkönig gleich, nichts bewegen können.

Kohls Denkungsart, die allem Festen mißtraute, legte ihm einen kreativen Umgang mit der Verfassung nahe; er verstand nicht, warum Karl Carstens als Bundespräsident und Staatsrechtslehrer das Grundgesetz partout beim Wort nehmen wollte, als er entscheiden mußte, ob der gerade erst gewählte Bundeskanzler Kohl das Vertrauen des Bundestages wirklich schon wieder verloren hatte. Erst recht fesselten ihn die Dogmen der Grundgesetzinterpreten nicht, die Erfahrungen der Weimarer Republik zu Lehren für die Ewigkeit erklärt hatten. Für die deutsche Verfassungsgeschichte war es nicht ohne Bedeutung, daß Kohl seine Abneigung gegen das Geregelte und Institutionelle im staatlichen Leben nicht nur von außen als Parteivorsitzender zur Geltung bringen konnte, sondern im Innersten des Staates als Regierungschef. So nahm er sich vor, nach einem Sieg bei den von Carstens in Gewissensnot schließlich gestatteten Wahlen eine Verfassungsänderung zu betreiben, die dem Parlament die Selbstauflösung gestatten sollte. Ihn störten alle Bestimmungen, die flexible Lösungen verhinderten; einer Mehrheit unterstellte er, daß sie wußte, was sie tat, so daß er keinen Grund sah, ihr das Recht zum Appell an den Wähler zu verweigern. Hätte er dieses Projekt weiterverfolgt, hätte er freilich wohl keine Mehrheit dafür gefunden. Sein antisystematischer Instinkt führte ihn gewöhnlich an die Seite der Volksmeinung; an den Verfassungsfragen zeigte sich, daß in der Ungebundenheit eines Denkens, das sich nicht auf Prinzipien festlegen ließ, auch die Chance der Originalität steckte.

1974, als er mit der Möglichkeit rechnen mußte, daß das Präsidialamt für ihn eher erreichbar sein mochte als das Kanzleramt, warf er im Fernsehen die Frage auf, ob man nicht zur Volkswahl des Staatsoberhaupts zurückkehren solle. Kohl mußte die umständliche Konstruktion, die das Grundgesetz für die Wahl des

Bundespräsidenten errichtet hat, unsinnig erscheinen, da das indirekte Verfahren gerade jene Verschmelzung mit der Volksmehrheit verhindern sollte, aus der nach Kohls Erfahrung der Politiker seine Kraft zog. Die Volkswahl wäre der erste Schritt zum Verschlucken des Kanzlers durch den Präsidenten gewesen. Es ist erstaunlich, daß Kohl vor nahezu allen Präsidentenwahlen trotz großen Engagements glücklos agierte, obwohl doch diese Personalentscheidung sich wie keine andere beizeiten vorbereiten läßt. 1968 forderte er Richard von Weizsäcker zum Verzicht auf, nachdem er ihn zur Kandidatur gedrängt hatte. 1978 und 1983 wurden Carstens und Weizsäcker ihm aufgenötigt. 1993 präsentierte er den Sachsen Heitmann; offenbar hatte er nur über den Symbolwert seiner Präferenz für einen Ostdeutschen nachgedacht, nicht aber darüber, ob der meinungsfreudige und unerfahrene Konservative geeignet war, fünf Jahre lang die Republik in Wort und Geste symbolisch darzustellen. Die Trennung von Rang und Macht, moralischem Ansehen und politischer Kompetenz paßt nicht in Kohls Weltbild. Er mißtraute Präzeptoren, die ihre Lehren nicht durch Taten beglaubigten, und sah die Moralität des politischen Handelns in der Demokratie durch den Erfolgszwang hinreichend gewährleistet. Daß das Protokoll einen anderen ersten Mann des Landes kannte als die Geschichtsbücher, mußte ihm widersinnig vorkommen.

Kohl hatte alles darangesetzt, dorthin zu gelangen, wo ihm niemand mehr von gleich zu gleich begegnen konnte. Rückzugspositionen oder Ausweichquartiere gab es nicht. Wenn er nicht unersetzlich war, war er für nichts mehr zu verwenden. Als der »Bayernkurier« den neugewählten rheinland-pfälzischen Landesvorsitzenden 1967 nach dem Geheimnis seiner Karriere fragte, verwies er zunächst darauf, »wieviel Zeit, Arbeitskraft, überhaupt Intensität« er investiert habe. Merkwürdigerweise trieb ihn die Sorge um, man könne meinen, er gebe nicht alles für die Politik. »Ich betreibe Politik aus Leidenschaft, und ich habe hier keine Reserven, setze mich ganz ein.« Intensität ist es, was überhaupt vom Politiker gefordert wird, jenseits jeder besonderen Fertigkeit, die Anspannung aller seelischen und körperlichen Kräfte. Wer intensiv lebt, kann keine Reserven bilden. So konnte man sich 1980 eine Rückkehr Kohls ins Privatleben erst recht nicht vorstellen, hatte er doch kein Leben vor der Politik geführt: Es wäre keine Heimkehr gewesen, sondern ein Aufbruch in ein unbekanntes und wahrscheinlich unwirtliches Land, hätte er doch nichts mitbringen können, um es zu kultivieren, keine Interessen, Neigungen oder Liebhabereien.

Er war zwar ein Sammler, doch hatte er sich kein geheimes Reich errichtet, in dem nur er sich zurechtgefunden hätte. Was er sammelte, war alt, hart, wuchtig, massiv, verkörperte Kraft und Leistung, wollte präsentiert werden: Mineralien, Ofenplatten, Elefantenfiguren. Wenn er gefragt wurde, was er nach seinem Abschied vom Kanzleramt tun werde, erzählte er, er wolle einen Vogelbauer für seinen Garten zimmern. Das war freilich nur ein arkadisches Gegenbild zur großen Welt des lauten Streits aus dem Musterbuch für pensionierte Helden. Und sah man genau hin, so kündigte Kohl sogar eine Fortsetzung seiner politischen Arbeit auf dem eigenen Grund und Boden an. Der Außen- und Sozialpolitiker hatte mit konstruktiver Phantasie und sparsamem Materialverbrauch seinen Mitbürgern ein Gehäuse der Freiheit gebaut, in jeder Hinsicht sicher, doch nach allen Seiten offen. So wollte der gute Hausvater seinen gefiederten Schützlingen eine Heimstatt errichten, von der aus sie Ausflüge ins Glück unternehmen konnten. Auch das gemeinsame europäische Haus war recht besehen ein gewaltiger Vogelbauer, in dessen Zimmerfluchten jedermann zwitscherte, wie ihm der Schnabel gewachsen war.

Immerhin ist verbürgt, daß Kohl die Tragfähigkeit von Max Webers berühmter Metapher von der Politik als langem Bohren dicker Bretter wirklich aus eigener Erfahrung beurteilen konnte. »Wenn ich einen Handwerksberuf ergriffen hätte«, verriet er 1989, »wäre ich Schreiner geworden. Zu Hause habe ich eine Kartoffelkiste, die hab' ich selber gezimmert, aus Wut nach einer ungünstig verlaufenen Landtagswahl.« Der englische Premierminister William Ewart Gladstone erholte sich beim Holzfällen, was Lord Randolph Churchill zu der Bemerkung veranlaßte, Gladstones Vergnügungen seien so destruktiv wie seine Politik. In Wahrheit achtete der Advokat der anglikanischen Hochkirche, der streng auf Formen sah, sorgsam darauf, sein privates und sein öffentliches Dasein zu trennen, mochten auch Verehrer nach seinem Landsitz Hawarden pilgern wie später Journalisten zu Kohl an den Wolfgangsee. Der fromme Liberale war überzeugt, daß er zum Bauen berufen war. Ihn quälte freilich der Gedanke, der hohen Aufgabe nicht würdig zu sein; indem er stolze Baumstämme zu Fall brachte, wollte er die Macht des Versuchers zerschlagen. Von solchen Bußübungen hielt Kohl schon die Gewißheit ab, daß an der Erbsünde nichts zu ändern war. Der Zimmermann im Haus erspart die Axt: Kohl dachte immer konstruktiv. Wo der einstige Tory fürchtete, der Sünder handele sich die Verdammnis ein, da glaubte der Christdemokrat an das Glück Marke Eigenbau. Gladstone bekämpfte die Schwermut, indem er Brennholz herstellte: Sein Leben war Energieverbrauch. Kohl hielt sich die Depression vom Leib, indem er einen Kasten für die Speisekammer zusammennagelte: Sein Leben war Vorratswirtschaft. Daß er sein privates und sein öffentliches Dasein nicht auseinanderhielt, kann man auch aus dieser häuslichen Ökonomie erklären. Was er an einer Ecke aufsammelte, konnte er in einem anderen Winkel verwerten.

Manchmal wollte er den Eindruck zerstreuen, die Politik lasse ihm keine Zeit zum Leben. Dann erzählte er von seinen spontanen Spaziergängen. »In bestimmten Abständen einfach fortgehen, zu Fuß, ein Stück laufen. Mit Leuten, die ich treffe, die ich gar nicht kenne, ein Wort reden, und zwar nicht immer hochgeistige Gespräche, sondern einfach so, wie man sich bewegt im Alltag des Lebens.« Freilich bewegte er sich in den Korridoren der Politik gar nicht anders. Hochgeistige Gespräche werden auch in seinem Arbeitszimmer schon deshalb die Ausnahme gewesen sein, weil er immer soviel wie möglich über die Welt erfahren wollte, wenn er mit jemandem redete. Er ließ sich dann von einem Thema zum nächsten führen, bog hier um eine Ecke und folgte dort einem Nebenpfad: So ging das Gespräch in die Breite. Auf einer intellektuellen Höhenwanderung ist der Weg das Ziel; Kohl wollte irgendwo ankommen, auch wenn er nicht wußte, wohin er unterwegs war. Von ihm kann man wirklich sagen, daß er sich unter das Volk mischte. Die Grenzen zwischen ihm und der Menschheit verschwommen für ein paar Momente, er gab Energie ab und nahm Energie auf. Der Politiker dachte dann wie die Leute, und die Leute verstanden den Politiker.

Der Mann und die Frau aus dem Volk waren für Kohl die Hüter eines exklusiven Wissens. Wo die Fachleute die Gefangenen ihrer beschränkten Perspektiven blieben, war der Laie frei, die Dinge zu sehen, wie sie wirklich waren. Seine Minister verblüffte Kohl immer wieder mit Informationen, die sie auf dem Dienstweg nie erreicht hätten. Als seine Söhne ihren Wehrdienst leisteten, war er über die Stimmung der Truppe immer im Bilde. Seine eigene Meinungsforschung betrieb er samstags in der Sauna des Hallenbads Nord in Ludwigshafen. Das Ritual scheint aus einer Zeit zu stammen, als soziale Beziehungen durch körperliche Nähe gestiftet wurden. Wo die Kunst der Repräsentation mit Grabdenkmälern und Wahlplakaten Bilder hergestellt hatte, die den Leib des Herrschers verdeckten, da saß der Kanzler im Dunkeln nackt unter den anderen Männern. Sie schwitzten den Schmutz der Gesellschaft aus und ließen sich in den Naturzustand fallen. Die Dämpfe erinnerten an einen Tempel; der Rat, zu dem sich die Meinungen verdichteten, hatte die Kraft eines Orakels. Eine mythische Figur ist auch der Lademeister des Rheinhafens der BASF, an dessen Arbeitslast Kohl den Stand der Konjunktur abzulesen pflegte. Wenn mehr Schiffe den Rhein hinabfuhren, konnte man sehen, daß es aufwärtsging: Wirtschaftswachstum als Naturschauspiel. Was sich abzählen ließ, weil es vor Augen lag, hatte unüberbietbare Evidenz; alle hintenherum errechneten Daten konnten nicht soviel bedeuten. Der Meister, der die Wacht am Rhein hielt, erkannte, wie die Natur dem Tüchtigen unter die Arme griff: Von selbst schien sich zu bewegen, was der Fleiß auf den Weg gebracht hatte. Und solange ein Mensch am Ufer stand und zählte und nicht etwa ein Computer elektronische Impulse registrierte, mußte der Politiker nicht fürchten, daß er die Wirtschaft nicht mehr verstand.

Das Allgemeinste war Kohl gewiß, die Ordnung der

Welt, und das schlechthin Besondere, die einzelne Tatsache. Alles, was dazwischen lag, durfte ungewiß bleiben. Dem großen Mann erscheinen Burckhardt zufolge die Dinge einfach, während sie uns höchst kompliziert vorkommen und einander gegenseitig stören. Da Kohl nicht daran zweifelte, in der Welt zu Hause zu sein, konnte er sich erlauben, sich immer nur vorläufig zu orientieren. Seiner Selbstsicherheit lag der Zweifel an allen Heilslehren zugrunde, den er mit seinen skeptischen Generationsgenossen teilte. Wenn er erklärte, er habe in Fragen der Selbstkritik keinen Nachholbedarf, schien er sich in einen Selbstwiderspruch zu verwickeln. Nach Jürgen Habermas überlistet sich mit einem solchen Fehler, wer aus dem demokratischen Diskurs aussteigen will: Wenn man behauptet, man habe keine Kritik nötig, beweist man das Gegenteil. Aber Kohl hatte den Ausgleich der Meinungen und das Streben nach dem momentanen Konsens so sehr verinnerlicht, daß er glauben durfte, er bedürfe keines Anstoßes von außen, um sich zu korrigieren. Wie es bei Habermas im Buche steht, machte Kohl, wenn er mit sich zu Rate ging, keine Voraussetzungen, die er nicht zu revidieren bereit gewesen wäre, nur daß er diese Weisheit keinem Buch entnehmen mußte. Die Theorie des demokratischen Konsenses entthront das Subjekt. Habermas spricht ihm die Souveränität ab, die ihm die philosophische Tradition übertragen hatte. Kohl, dem der Frankfurter Philosoph 1994 bescheinigte, er habe ihn mit der Bundesrepublik versöhnt, war der Musterdemokrat, insofern er in seinem Kopf die Konsensbildung der Gesellschaft reproduzierte und vorwegnahm. Nachdem Kohl sich in der Hauptstadtdebatte für Berlin ausgesprochen hatte, gab er, im Einklang mit der Volksstimmung, immer noch Signale des Schwankens.

Schäuble erklärte den Freunden Berlins in der Fraktion, er wirke ständig auf die Meinungsbildung des Kanzlers ein – als wäre Kohl ein Gremium. Kohl sah sich den Intellektuellen gegenüber dadurch im Vorteil, daß er keinem Gedanken absolute Geltung zutraute. Die Welt ist kein Rätsel, zu dem man den Schlüssel noch hätte konstruieren müssen. Er spottete gerne über die Vertreter reiner Lehren, sie wollten sich die Hände nicht schmutzig machen, als wären sie zu fein für die Politik. »Es ist eine Sache«, legte er 1991 zur Verteidigung seiner Wirtschaftspolitik in Ostdeutschland dar, »ob man die absolute Zustimmung der Ludwig-Erhard-Gesellschaft findet, und eine andere Sache, das politisch Richtige zu machen.« Solche Redensarten haben zu allen Zeiten dazu gedient, die politische Praxis als Schule des Augenmaßes auszugeben und die Theorie als Zufluchtsort der Träumer und Utopisten abzutun. Aber ein Programm, das der Politik die Verwirklichung von Ideen aufgibt, hat eine disziplinierende Wirkung eigener Art. Umgekehrt birgt die Realpolitik, die sich alle Optionen offenhält, ein phantastisches Moment, den Traum grenzenloser Handlungsfreiheit. Wenn sie aus lauter Mißtrauen gegenüber dogmatischen Festlegungen nichts mehr als gegeben hinnehmen will, kommt ihr die Realität abhanden.

Kohl mißtraute auch der Presse, weil er sie für eine Agentur der Abstraktion hielt. Die Medien unterbrechen die unmittelbare Verständigung, verfälschen die Wirklichkeit schon dadurch, daß sie Fakten aus ihrem Zusammenhang reißen. Wenn Kohl Meldungen dementierte, protestierte er stets zuviel: Schon 1966 bezeichnete er als »abenteuerlichen Blödsinn«, was über ein angebliches Geheimtreffen von CDU-Größen in Deidesheim zu lesen war. Wäre die Nachricht einfach falsch gewesen, hätte es sich vielleicht um Blödsinn gehandelt. Abenteuerlich wurde die Geschichte durch den Zusammenhang, den die Berichte herstellten. Doch solche Versuche, den Journalisten ihre Kombinationen auszureden, regten sie nur zu neuen Kombinationen an. An der Sache mochte selbst dann etwas dran sein, wenn die Tatsachen nicht stimmten. Mit der ablehnenden Haltung der Medien wollte Kohl im August 1989 den Umstand erklären, daß er im Inland weniger beliebt war als im Ausland: Er klagte die Journalisten an, sie wollten eine andere Republik. Als revolutionäre Klasse erschien Kohl ein Berufsstand, für den es professionelle Pflicht war, zur Wirklichkeit auf Distanz zu gehen. Der Presse machte Kohl indes genau die Manipulation von Stimmungen zum Vorwurf, die er zur Hauptbeschäftigung der Politiker gemacht hatte. Seit Kohl in Rheinland-Pfalz durch Reden einen unwiderstehlichen Modernisierungsdruck erzeugt hatte, hatte er pausenlos daran gearbeitet, Interpretationen durchzusetzen. Er wandte sich von seinem eigenen Spiegelbild ab, wenn er mit der Presse nichts zu schaffen haben wollte. Es hatte etwas Verzweifeltes, wenn er auf die Straße ging und bei Fremden Erleuchtung suchte, in der Hoffnung, er könne mit dem Büro auch das Reich der Interpretationen verlassen.

Gelegentlich stieß er dann auf die Tatsache, die jede Theorie aushebelte. Im Juni 1985 überraschte er die Öffentlichkeit mit Zweifeln an der Arbeitslosenstatistik. Zur Begründung verwies er auf die Zahl der Neueinstellungen in einem einzigen Unternehmen. Kohls antimethodisches Vorgehen hatte Methode. Er verließ sich nie auf das, was die Zuständigen ihm mitzuteilen geruhten. Als Ministerpräsident hielt er Sprechstunden für jedermann ab, die von den Spitzenbeamten mißmutig beobachtet wurden. Sie sahen in den unbürokratischen Lösungen in Einzelfällen, die Kohl in solchen Audienzen versprach, eine Gefahr für die Berechenbarkeit des Verwaltungshandelns. Wie Friedrich II. über die Köpfe seiner Richter hinweg den Fall des Müllers Arnold an sich zog, so achtete Kohl Instanzen und Vorschriften gering, wenn er einem Bürger helfen konnte: Der absolute Fürst steht an der Spitze des Staates und dennoch über ihm; er kann den Buchstaben des Gesetzes außer Kraft setzen, wenn es dem Geist der Gerechtigkeit dient. Erst als erster Mann trat Kohl in den Dienst seines Landes; seine einzige Vorbereitung war die Parteiarbeit, deren Verfahren er auf die Regierungspraxis übertrug.

In der Partei haben alle Gremien nur einen funktionalen Sinn; sie existieren um der Macht und des Erfolges willen und müssen es sich gefallen lassen, im Zweifelsfall übergangen zu werden. Kohl liebte es, sie von Zeit zu Zeit durch eine sparsame Informationspolitik an ihre dienende Rolle zu erinnern. Er stellte sie vor vollendete Tatsachen oder jedenfalls vor Tatsachen, denen zur Vollendung nur noch die formelle Billigung fehlte, deren Verweigerung den Vorwurf der Illoyalität auf sich gezogen hätte. 1983 überraschte er das Präsidium am Vorabend des Kölner Parteitags mit dem Vorschlag einer Satzungsänderung, die der CDU die Möglichkeit einer Kandidatur bei der Europawahl in Bayern eröffnen sollte. Erst kurz vor Eröffnung des Essener Parteitags zwei Jahre später teilte er dem Präsidium mit, daß er den FDP-Vorsitzenden Bangemann als Gastredner eingeladen hatte; eine Diskussion ließ er nicht aufkommen.

Die Putschisten des Sommers 1989 saßen im Parteipräsidium: Lothar Späth, Norbert Blüm, Rita Süssmuth, Ernst Albrecht. Dem Titel nach waren sie Stellvertreter des Vorsitzenden, der sie aber nie an seine Stelle treten ließ, nicht einmal zu Ferienzeiten oder auf einem bestimmten Fachgebiet. Sie fühlten sich brüskiert, weil Kohl sie nicht von seiner Absicht unterrichtet hatte, Generalsekretär Geißler zu entlassen. Auf der Präsidiumssitzung des 28. August 1989 stellte Späth ein Ultimatum: Er und andere Mitglieder seien zur weiteren Mitwirkung nur bereit, wenn es zu einer Reform der Präsidiumsarbeit komme. Der Vorsitzende müsse künftig den Rat des Präsidiums einholen, zumal in Personalfragen. Jedes Mitglied solle verantwortlich für einen eigenen Aufgabenbereich sprechen, in einem eigenen Büro, unterstützt von eigenen Mitarbeitern. Späths Vortrag, der wie eine Kampfansage klingen sollte, gab den Kampf von vornherein verloren. Geißlers Verbündete spielten nicht ihre Macht aus, ihre Mehrheit im höchsten Führungsgremium und das Ansehen in der Partei, das darin zum Ausdruck kam. Vielmehr versuchten sie ihre Rechtsstellung zu verbessern. Hätten sie die Machtfrage gestellt, hätten sie den Vorsitzenden mit einem Gegenkandidaten konfrontieren müssen. Daß sie auf die rechtliche Sicherung ihrer Kompetenzen bedacht waren, verriet, daß sie sich politisch nicht allzuviel zutrauten. Ohne zu zögern, schlug Kohl eine Sondersitzung für die Erörterung der Einzelheiten der Präsidiumsreform vor. Sie fand einen Tag später statt. Die Unzufriedenen hatten eine Formalisierung der Zuständigkeiten gefordert, und Kohl nahm sie beim Wort. Damit die Präsidiumsmitglieder wirklich etwas zu tun hatten, wurden sie mit den Kontakten zu Interessenverbänden und gesellschaftlichen Gruppen betraut. Rita Süssmuth sollte sich um die Bundeswehr kümmern, Geißler die Verbindung zur katholischen Kirche und zu den Sportverbänden halten.

Beklagen konnten sie sich über diese Zuteilung nicht; für Kohl gab es nichts Wichtigeres als die Pflege der Beziehungen zu mächtigen Gruppen. Diese Diplomatie war allerdings dann besonders erfolgreich, wenn sie offizielle Kanäle vermied. Man brauchte kein Mandat, um Telefongespräche zu führen und Glückwunschkarten zu schicken. Es war kein Vorteil, die Verantwortung für das Verhältnis der CDU zu einer der gesellschaftlichen Großmächte zu tragen, und konnte sich sogar als Nachteil erweisen, wenn sich das Verhältnis verschlechterte. Der Versuch, das System Kohl zu sprengen, hatte die Präsidiumsmitglieder endgültig zu Gefangenen des Systems gemacht. Die Parteifunktionäre bildeten eine Haftungsgemeinschaft. Kohl interpretierte das Ergebnis von Sitzungen nach dem Grundsatz des römischen Rechts: Wer schweigt, scheint zuzustimmen. Nach der Europawahl im Juni 1989, als ein Stimmenverlust von acht Prozent das Krisengeraune der Kritiker zu bestätigen schien, »da hab' ich mich«, erzählte Kohl später, »im Vorstand umgeschaut: Wünscht jemand das Wort? Niemand hat es gewünscht.«

Nicht was Delegierte beschließen, ist wichtig, sondern daß sie etwas beschließen, daß sie ihre Hand dafür heben und ihren Namen darunter setzen. Die Parteiendemokratie muß fortwährend eine immense Zahl von Aktivisten mobilisieren. Nicht alle können jene Distinktionsgewinne genießen, die eine Tätigkeit im Licht der Medien verspricht. Die meisten Parteiversammlungen finden unter Ausschluß der Öffentlichkeit statt; im übrigen nahm das Ansehen der Politiker in der Ära Kohl kontinuierlich ab. Wer sich parteipolitisch engagiert, braucht ein idealistisches Selbstbild: Er kämpft für die Verwirklichung seiner Ziele. Einer Regierungspartei ist ein Realismus auferlegt, der mit dem Idealismus rechnen muß. Sie muß den Eindruck erzeugen, daß die Tatsachen die Erwartungen ihrer Mitglieder erfüllen. Dabei wird sie eher versuchen, die Erwartungen zu modifizieren, als die Tatsachen umzuwerfen. Die Regierung Kohl mußte ihren Anhängern beibringen, daß der finanzielle und der außenpolitische Spielraum der Bundesrepublik enger waren, als sozialpolitische und nationale Träume verlangten. Ironischerweise wurde gerade jener Gedanke aus dem Ideenhimmel der CDU Wirklichkeit auf Erden, dessen Realisierung vor 1989 niemand erwartet hatte.

Die Euphorie der Einigungsjahre bewirkte, daß die Regierung in den Folgejahren wieder hauptsächlich damit befaßt war, Enttäuschungen aufzufangen. Die Sprache der Parteiprogramme verkündet den Willen, die Wirklichkeit zu verändern; ihre Funktion ist gerade umgekehrt die Anpassung der Begrifflichkeit an gesellschaftliche Veränderungen, die man nicht gewollt hat. Geißler entdeckte die Interessen der Frauen und Rita Süssmuth für die CDU; was als gesellschaftspolitische Offensive ausgegeben wurde, hatte den Sinn, die Partei mit dem Faktum einer Emanzipation zu versöhnen, die das überlieferte christliche Gesellschaftsbild sprengte. Am Ende von Kohls vierter Amtszeit waren die Hoffnungen in die Politik so tief gesunken, daß sein Herausforderer sich schon allein deshalb als Mann der Zukunft darstellen konnte, weil er den Sozialdemokraten die Nostalgie auszureden versuchte.

Wenn die Gremien unter Kohl Aufträge für Ausarbeitungen erhielten, wurden von ihnen keine Vorschläge erwartet. Vielmehr sollten sie Einwände entkräften und Kritiker besänftigen. 1996 setzte das CDU-Präsidium erst dann Arbeitsgruppen zur Steuerreform und zur Reform der Sozialversicherung ein, als die Koalition die Grundsatzbeschlüsse schon getroffen hatte. Wie ein Betriebsrat, der nicht gefragt wurde, als die Entscheidung fiel, eine Fabrik zu schließen, konnten die Sozialausschüsse auf den Abbau des Wohlfahrtsstaats nur mit Schadensbegrenzung nach Art eines Sozialplans reagieren. Zwei Klagen begleiteten Kohls Kanzlerschaft, die einander scheinbar widersprachen: Die Partei vermißte die Freiheit, der vom Tag in Beschlag genommenen Regierung ein paar Schritte in die Zukunft vorauszueilen; in der Regierung wurde Beschwerde darüber geführt, daß das Gemeinwohl hinter dem Parteiinteresse zurücktrete. Es handelte sich um zwei Seiten desselben Geschehens: Der Parteienstaat fraß sich selber auf; den Gremien der Parteien war ebenso schwach zumute wie den Organen des Staates. In beiden Fällen waren die Vermittlungsinstanzen, die Koalitionsrunden und ähnlichen Verhandlungszirkel, die Nutznießer. Diese Formulierung ist freilich irreführend. Die Hinterzimmerkreise konnten aus dem Bedeutungsverlust der großen Säle insofern gar keinen Nutzen ziehen, als sie keine eigenständige Existenz hatten. Sie wurden nur zusammengerufen, wenn es etwas zu verhandeln gab; ihre Zusammensetzung schwankte. Sie waren keine demokratischen Organe, wenn demokratisch die Ernennung bestimmter Vertreter auf eine bestimmte Zeit ist. Und dennoch führten sie eine Tendenz der modernen Demokratie auf die Spitze, die Ablösung der Abstimmung, der Wahl zwischen Ja und Nein, durch das Aushandeln, die Suche nach dem dritten Weg. Niemandem waren sie Rechenschaft schuldig und nur dem Prozeß verpflichtet; kamen sie zu keinem Ergebnis, lösten sie sich selber auf.

Das Grundgesetz der Herrschaft Kohls war die Ersetzung unpersönlicher durch persönliche Macht. Es war nicht nur seine eigene Macht, die das Regiment der Umwege und Abkürzungen steigerte. In den Koalitionsrunden war er formal gesehen – insofern diese Runden sich formal sehen ließen – einer unter zwei oder drei Gleichen. Seit er bundespolitische Interessen verfolgte, hatte er es als Axiom betrachtet, daß die Union dauerhaft nur im Verein mit den Liberalen regieren konnte. Sein Festhalten an dieser Strategie war um so bemerkenswerter, als sie seiner Überzeugung widersprach, wonach die Demokratie als Herrschaft der Mehrheit natürlicherweise auf die Alleinherrschaft einer Partei hinauslief. Unter der großen Koalition gehörte er zu den CDU-Politikern, die die Verwirklichung der Wahlreform vereitelten, weil sie die FDP als künftigen Partner erhalten wollten. Seinen Stellungnahmen in dieser Sache pflegte er aber hinzuzufügen, philosophisch sei er ein Anhänger des Mehrheitswahlrechts. In der Tat kam eine Verteilungsregel, die dem stärksten Teil die ganze Macht zuspricht, der Neigung seines Denkens zur Vereinfachung und Konzentration entgegen, derselben Vorliebe für eindeutige Verhältnisse, die ihn laut über eine Volkswahl des Bundespräsidenten nachdenken ließ. Die Mehrheit war für ihn mehr ein Erlebnis als ein Ergebnis: Sieger war, wer am Ende vorne lag, nicht wer sich hinterher mit den anderen Verlierern gegen den Ersten zusammenschloß.

Diese Haltung erklärt auch einen Auftritt Kohls, der ihm Unverständnis und Spott eintrug: Am Abend des 3. Oktober 1976 erklärte er sich zum Wahlsieger und äußerte die Erwartung, der Bundespräsident werde ihn dem Bundestag als Bundeskanzler vorschlagen. Eine Mehrheit entstand für Kohl aus unwillkürlicher Übereinstimmung, nicht durch Kalkulation und Absprache.

Es drängt sie von Natur aus, sich auszudehnen; sie könnte immer weiter wachsen, da sie mit jeder Zunahme an Anziehungskraft gewinnt. Das Mehrheitswahlrecht gibt dieser Expansion Raum, setzt fort, was im Wählervotum angelegt ist, wo das Verhältniswahlrecht ein momentanes Gleichgewicht künstlich stillstellt. Man könnte meinen, durch seine Festlegung auf ein Bündnis mit der FDP habe Kohl seinen ins Grenzenlose strebenden Ehrgeiz diszipliniert. Eine Koalition praktiziert eine Art von Gewaltenteilung. Sie scheint Regeln für die Zuweisung der Zuständigkeiten zu benötigen und Konventionen über die Einigung in Streitfällen. Insofern die Verbündeten gleichsam diplomatische Beziehungen unterhalten, sollten sie den Buchstaben von Abmachungen beachten und sich in Äußerlichkeiten korrekt verhalten.

Die Diplomatie ist freilich auch das Feld der Improvisation, der pragmatischen Übereinkunft, mit der die beweglichen Unterhändler die ideologisch bornierten Sitzenbleiber daheim überraschen. Kohls Entscheidung für das Prinzip der Koalition bedeutete, daß er seine Macht jenseits festgefügter Formen suchen wollte. Die in der Verfassung verbriefte Richtlinienkompetenz des Kanzlers und das auf Parteitagen in Wirksamkeit tretende Charisma des Vorsitzenden durften dem Chef einer Koalitionsregierung nicht genügen. Andererseits konnte ihn der Regierungsapparat schwerer auf bürokratische Rationalität und der Parteiapparat schwerer auf ideologische Loyalität verpflichten. Kohl stand an der Spitze der Regierung, der Partei und der Koalition und wechselte zwischen den drei Rollen je nach dem Publikum. Vor den Parteifreunden warb er um Rücksicht auf die Empfindlichkeiten des kleinen Partners, in der Koalitionsrunde brachte er das Gewicht des Staatsamts zur Geltung. Und als der Kanzler im November 1989 die deutschlandpolitische Initiative ergriff, verzichtete er auf die üblichen Prozeduren der Vorwarnung und Rückversicherung. Als Graf Lambsdorff ihn fragte, warum er als FDP-Vorsitzender den Zehn-Punkte-Plan nicht vorab erhalten habe, erfuhr er von Kohl: »Ich muß auch mal CDU-Parteivorsitzender sein.« Lambsdorff bemühte sich nach seiner Wahl zum Vorsitzenden nicht um eine Rückkehr in die Bundesregierung. Ihm genügte sein Platz im Koalitionszirkel, und er nutzte es aus, daß er sich freier äußern konnte, wenn er nicht in die Kabinettsdisziplin eingebunden war.

Der Bedeutungsverlust des Bundeskabinetts gilt konservativen Kritikern Kohls wie Rüdiger Altmann als verfassungshistorisches Ereignis. Der Kontrast zur Praxis Helmut Schmidts, der durch die Demonstration von *business as usual* den Verdacht hatte zerstreuen wollen, das Land sei unregierbar geworden, hätte lebhafter nicht sein können. Für den Kantianer Schmidt war nun einmal nichts schlechthin gut zu nennen als allein der gute Wille; diesen stellten die Minister unter Beweis, wenn sie jeden Mittwoch um neun Uhr zusammentraten. Der Nachfolger dagegen war ein Utilitarist, dem es im Handeln auf das Ergebnis ankam. Für die Folgenorientierung der utilitaristischen Ethik fand Kohl die klassische Formulierung, wichtig sei, was hinten rauskomme. Eine Sitzung, bei der am Ende nichts herauskam, war Zeitverschwendung, wieviel guter Wille vorne auch immer hineingesteckt worden sein mochte.

Es wurde sofort bemerkt, daß das Kabinett unter Kohl seltener und kürzer tagte. Von den ersten dreiundzwanzig Sitzungen des Jahres 1983 fielen zehn aus.

Regierungssprecher Boenisch begründete im Juni 1983 die hohe Zahl von Ausfällen mit Kohls »Horror« vor »Sitzungen, die nur um der Sitzung willen stattfinden«. Der Unerfahrenheit des neuen Manns im Kanzleramt gewann sein Sprecher, gleichfalls auf neuem Posten, eine positive Seite ab: Daß Kohl, dessen sprachliche Fähigkeiten den Spott von Schönschreibern auf sich zogen, die Geduld nicht aufbrachte, Diskussionen ohne Ende zu ertragen, sollte ihn menschlich erscheinen lassen und wies ihn zudem im Unterschied zu seinem um Worte nie verlegenen Vorgänger als den wahren Macher aus. Man mag jedoch bezweifeln, daß Kohl Höllenqualen litt, wenn Wortmeldung sich an Wortmeldung reihte, ohne daß sich ein Ergebnis abzeichnete. Wie Rolf Zundel 1975 in der »Zeit« berichtete, war die Sitzung um der Sitzung willen ein bevorzugtes Instrument des Parteivorsitzenden – was diejenigen seiner Mitarbeiter irritierte, die moderne Managementmethoden in die Parteiarbeit einführen wollten. »Für Kohl sind dies anscheinend keine verlorenen Stunden. Er läßt andere reden, formulieren, laut nachdenken – er hört zu, bis er weiß, was läuft.«

Was für Kohl bei einer Sitzung herauskam, mußte nicht die Form eines Beschlusses haben, den man anschließend der Presse mitteilen konnte. Mittlerweile hat wohl auch die Managementtheorie Kohls Praxis der offenen Gesprächsführung eingeholt, die allen Beteiligten das Gefühl vermittelte, ihr freies Wort sei erwünscht. Sueton berichtet von Augustus, er habe die Senatoren nicht in der Reihenfolge ihres Ranges um ihre Meinung gebeten, »sondern wie er es für richtig hielt, damit jeder so aufmerksam war, als hätte er eine Meinung zu formulieren und nicht bloß zuzustimmen«. Von der Zusammenkunft des Parteivorstands unterschied sich die Kabinettssitzung freilich dadurch, daß die Teilnehmer hier nicht nur im eigenen Namen und als Sendboten von Personenverbänden sprachen, sondern als Sachwalter objektiver Interessen und Gesichtspunkte. Jedes klassische Ressort kultivierte seine eigene Sicht der politischen Welt, die die Beamten ihrem Minister einzuschärfen versuchten. Kohls Rat für alle Fälle, die Dinge nicht zu eng zu sehen, durften seine Kollegen sich nicht zu Herzen nehmen, wenn sie ihre Aufgabe nicht aus dem Auge verlieren wollten. Wer im CDU-Vorstand saß, mußte daran glauben, daß die Dinge sich durch Willenskraft verändern ließen. Blickte Kohl im Kabinett in die Runde, sah er Traditionen, Sachzwänge und Finanzlücken.

Die Abschaffung der wöchentlichen Sitzung, die Kohl mit der Begründung verfügte, er wolle die Minister zusammenrufen, wenn die Sache es gebiete, an jedem Tag und zu jeder Stunde, mußte er zurücknehmen. Wäre es ihm gelungen, das Kabinett zu einer mobilen Einsatztruppe zu machen, hätte er es als Institution zerstört. Jeder Minister hätte nur noch für seine Person gesprochen, nicht mehr für sein Ressort, da den Beamten die Zeit gefehlt hätte, ihren Chef auf die Tagesordnung vorzubereiten. In Mainz soll Kohl seine Minister gelegentlich bei ihrem Selbstgefühl als Politiker gepackt haben: »Was kommst du mir mit dem Quatsch deiner Fachleute? Ist das deine Meinung oder die deiner Leute? Wir machen hier nicht die Verwaltung, sondern wir regieren.« Der Ministerpräsident schwächte den Eigensinn der Ressorts und den Einfluß der Fachbeamten dadurch, daß er die Fraktionsvorsitzenden und Parlamentarischen Geschäftsführer hinzuzog; die Kabinettssitzung fiel mit der Koalitionsrunde zusammen. Die »umsichtig aufs Gleis geschobene Kollektivierung« der Entschlußfindung, erläutert Klaus Dreher, hatte auch den Vorteil, »daß sich hinterher keiner mit der Begründung davonstehlen könne, er sei nicht dabeigewesen«.

Um sich der Loyalität der Minister zu versichern, zumal der von FDP und CSU benannten, die ihre Ämter nur im formalen Sinne seinem Vorschlag verdankten, konnte auch der Kanzler nicht auf die Herbeiführung von Kabinettsbeschlüssen verzichten. Die Entscheidungen mußten aber außerhalb des Kabinettssaals fallen, damit die Nötigung zur Sachlichkeit, der Hintersinn von Sitz- und Tagesordnung, nicht wirksam werden konnte. Außenminister Genscher, der Stellvertreter des Bundeskanzlers, ließ 1988 seinen Paladin Möllemann Indizien dafür sammeln, daß Kohls Umgang mit dem Kabinett die vom Grundgesetz garantierten Rechte der Minister verletzte. Das formell zuständige Gremium, das das letzte Wort behielt, sofern es Ja und Amen lautete, umgab Kohl mit einem Kranz informeller Zirkel, in denen Einigkeit über die Beschlußvorlagen hergestellt wurde. Am Morgen sammelte Kohl seine verschwiegensten Vertrauten um sich und veranstaltete, wie Rüdiger Altmann spottete, im »Negligé der Macht« ein »politisches Lever«. Hans Klein, Regierungssprecher im Rang eines Bundesministers, zog sich aus dieser Runde zurück, als er bemerkte, daß dort einer seiner Ministerialdirektoren dem Kanzler näher war als er.

Das Kabinett ist in der Verfassungsgeschichte als Ersatz und Ergänzung des fürstlichen Rates entstanden, als dieser eine solche Größe erreicht hatte, daß er nicht mehr nur aus Vertrauten des Fürsten bestand. Kohl war nicht frei darin, wen er in seine Regierung berief; aber er bestimmte, wen er zu den Vorbereitungsrunden einlud. Damit diese Kabinette hinter dem Kabinett nicht ihrerseits zu Institutionen erstarkten, mußte ihre Zusammensetzung sich immer wieder ändern. Auch das unterschied sie von den Ausschüssen des britischen Kabinetts. Je schneller die Kabinettssitzungen abgewickelt wurden, desto mehr Zeit blieb für die Vorbereitung. Und je länger Kohl seine Kollegen kannte, desto weniger Worte brauchte er, um sie zur Knappheit anzuhalten. Trägt ein Minister vor, erzählte ein der CSU angehörendes Kabinettsmitglied 1994, »dann rutscht Kohl schon bald auf seinem Stuhl hin und her, und alle merken, der will keine weiteren Wortmeldungen«. Schon in Mainz hielt Kohl nach Auskunft seines Innenministers Heinz Schwarz die Sitzungen kurz und bemühte sich, jeden »Wortstreit« sogleich zu ersticken. In den Vorgesprächen nahm der Ministerpräsident dagegen seine Autorität scheinbar völlig zurück. Statt Direktiven zu geben, nahm er Anregungen auf; nach einem Streit formulierte er die siegreiche Ansicht so, daß die unterlegene Seite sich nicht verletzt fühlen mußte.

Als Kohl sein erstes Kabinett präsentierte, manifestierte sich die versprochene Wende nicht etwa in einer Strukturreform der Regierung. Sämtliche Ministerien ließ der Kanzler bestehen; oben wurde der Staat nicht schlanker. Nach Klaus Drehers Deutung war Kohl bestrebt, »den Wechsel als das Normale erscheinen zu lassen«. Es wurde gleichfalls sichtbar, daß auch der Kanzler Kohl nicht von den Institutionen, sondern von den Personen her dachte. Seine gestalterische Phantasie wurde nicht von der äußeren Beschaffenheit des Staatsgebäudes angeregt. Er bevorzugte interne Lösungen, die ohne viel Aufsehen revidiert werden konnten. In die Mainzer Staatskanzlei war er noch auf dem Triumphwagen des Verwaltungsreformers eingezogen. Die administrative Erfahrung hatte ihn gelehrt, daß man Arbeitsabläufe auch ändern konnte, ohne im Gesetzblatt darauf aufmerksam zu machen. Wichtiges wurde an den Ministerien vorbeigelenkt; die beiden von der FDP gestellten Außenminister mußten erdulden, daß die Experten des Kanzleramts in Konkurrenz zu ihren Diplomaten traten.

Im Frühjahr 1998 widerfuhr es Klaus Kinkel sogar, daß ihn seine Kollegen im Ministerrat der Europäischen Union über ein Reformpapier aufklärten, als dessen Autoren Präsident Chirac und Bundeskanzler Kohl firmierten. In diesem Fall ließ sich Kohl sogar dazu herab, sich bei seinem Außenminister für die Bloßstellung zu entschuldigen. Der Plan von Kohls Stabschef Bohl, ministerielle Gesetzesinitiativen der Zustimmung des Kanzleramtes zu unterwerfen, wurde 1995 wegen verfassungsrechtlicher Bedenken verworfen. Zu diesem Zeitpunkt saßen freilich schon in fünf Ministerien Staatssekretäre, die ihr Handwerk im Kanzleramt gelernt hatten und wußten, welche Initiativen dort willkommen waren. Am wenigsten hatten die Minister in Kohls größter Stunde zu sagen. Das Ministerium für innerdeutsche Beziehungen, das die deutsche Frage jahrzehntelang offengehalten hatte, wurde nicht gebraucht, als die Antwort formuliert wurde. An den Verhandlungen über den Abzug der Roten Armee aus Deutschland war Verteidigungsminister Stoltenberg nicht beteiligt.

Stoltenbergs Versetzung vom Finanzministerium auf die Hardthöhe ist übrigens ein Beispiel dafür, daß Kohl mit seinen Personalentscheidungen nicht immer den Effekt erzielen wollte, Beifall des Publikums für die Eignung des Kandidaten zu finden. Er demonstrierte seine

Souveränität in der Auswahl gerade dann, wenn er sich nicht an enge Begriffe der Fachkompetenz hielt. Jahrelang hatte Stoltenberg das höchste Ansehen unter den Ministern genossen, weil er als Fachmann unter Amateuren galt; wer den Kanzler als Dilettanten hinstellte, empfahl den Finanzminister für den Chefsessel. Doch dann entpuppte sich Stoltenberg als Versager in Kohls ureigenem Fach, das sich nicht in Lehrbüchern und Akten studieren ließ: Ein Menschenkenner hätte nicht Uwe Barschel zu seinem Nachfolger gemacht. Die vielbewunderte Sachorientierung des Rechenmeisters nahm sich plötzlich als Weltfremdheit aus. Stoltenbergs Gnadenmission bei der Truppe stand unter der Losung, die von der Karriere des Kanzlers beglaubigt wurde: Arbeitseifer und Pflichtgefühl lassen jeden Ausbildungsmangel vergessen. Nach derselben Kabinettsumbildung, die Stoltenberg die Einberufung zur Bundeswehr bescherte, fand sich der bisherige Innenminister Zimmermann am Steuer der Verkehrspolitik wieder. Alle Minister waren nicht nur ersetzlich, sondern auch versetzbar; ironischerweise war Arbeitsminister Blüm der einzige Angehörige des ersten Kabinetts Kohl, der weder Arbeitslosigkeit noch Umschulung ertragen mußte.

Nur der Chef war für alle Fälle am richtigen Platz: Der Generalist erwies sich als der schlauste Spezialist. Daß er wie Alec Douglas-Home als Außenminister in die Regierung seines Nachfolgers eingetreten wäre, konnte man sich auch nach seinen Glanztaten auf dem diplomatischen Parkett nicht vorstellen. Außer ihm sollte niemand seiner Position sicher sein; hypothetische Verschiebungen, die gar keine ernsten Möglichkeiten waren, ließen die Betroffenen wenigstens innerlich zittern. Als Berti Vogts, der sich mit Kohl in einer

Schicksalsgemeinschaft unter Amtskollegen verbunden wußte, im Sommer 1998 mit der Fußball-Nationalmannschaft auf die fatale Frankreichfahrt ging, erklärte er, einen Stammplatz hätten nur er selbst und Torwart Köpke. In der Mannschaft Kohls nach der Bundestagswahl 1983 hatte Stoltenberg das sichere Händepaar, auf das der Teamchef keinesfalls verzichten wollte. Strauß hätte sich jeden Ministerstuhl aussuchen dürfen, nur das Finanzministerium und das Auswärtige Amt nicht. Gleichwohl brachten drei Zeitungen die Schlagzeile, die Ernennung von Strauß zum Finanzminister sei beschlossene Sache. Wem nutzte die Falschmeldung? Kohl gab sie die Gelegenheit, Stoltenberg öffentlich unentbehrlich zu nennen. Strauß hatte er schon vorher am Telefon versichert, er habe die Presse nicht in die Irre geführt. Als vier Jahre später dieselbe Situation wiederkehrte, gewährte Kohl Strauß die freie Wahl ohne Einschränkung. Obwohl niemand erwartete, Strauß werde sich auf seine alten Tage bereit finden, unter Kohl zu dienen, bedeutete für Stoltenberg schon die Denkmöglichkeit der Auswechselung eine Schwächung, zumal Strauß sich die Freude gestattete, die Offerte publik zu machen. Diese subtile Rache traf nicht den Kanzler, der mit Genugtuung betrachten durfte, daß es für zwei seiner alten Konkurrenten um den ersten Platz nun das letzte Karriereziel war, für ihn die Buchhaltung zu machen.

Als vergessen war, daß einst die unveränderte Sitzordnung der Minister den Regierungswechsel als normal hatte ausweisen sollen, weil längst die Normalität den Wunsch nach Abwechslung nährte, hat Kohl mit den Klötzen aus dem Kabinettsbaukasten dann doch neue Türmchen gebaut. Durch Teilung entstanden neue Fürsorgeschwerpunkte im weiten Feld der Sozial-

und Familienpolitik. Hier wurde demonstriert, daß Kohls Staat, der den Bürgern ihr Geld zurückzugeben versprach, gleichwohl für die moralische Gesundheit der Gesellschaft verantwortlich sein wollte. Wer aus ökonomischen und ethischen Gründen für eine Entflechtung von öffentlicher und privater Wirtschaft eintrat, äußerte sich bitter enttäuscht über Aufklärungskampagnen und Vorsorgeprogramme, die die Risikoprophylaxe der Individuen in staatliche Regie nahmen.

Die Marktschreier der Marktwirtschaft mußten sich freilich vorhalten lassen, daß die Kritik an der Staatsverschuldung in den letzten Jahren der sozialliberalen Koalition mit Analogien zwischen öffentlicher und privater Haushaltsführung operiert hatte, die für Anhänger der Zwei-Reiche-Lehre problematisch hätten sein müssen. Die ökonomische Frage der Belastbarkeit des Staatshaushalts mit Zinszahlungen wurde zum moralischen Problem überhöht. Man setzte das Ideal des guten Hausvaters voraus, der nur soviel Schulden macht, wie er zu seinen Lebzeiten zurückzahlen kann. Überraschenderweise ließen sich auch die katholischen Bischöfe von der Kanzel in diesem Sinne vernehmen, obwohl ihre Kirche gewöhnlich in langen Fristen denkt und noch vor England die Staatsschuld erfunden hatte.

Der Vater, der sein Haus saniert hat, kann dann auch an Wohltaten denken. Indem Kohl für Frauen und Jugendliche eigene Ministerinnen berief, führte er seine gute Absicht vor und sorgte zugleich dafür, daß sie ihm nicht zu teuer zu stehen kam. Denn wenn es ans Geldausgeben ging, hatten die Treuhänder der großen und alten Ressorts ihre Hand allemal schneller in oder auf der Kasse. Inwiefern diese Folgenbegrenzung im Kalkül von Kohls Reformen lag, mag dahingestellt sein.

Für ihn war es immer schon der halbe Erfolg, die rechte Absicht zu zeigen. Dem Utilitaristen war mitnichten der gute Wille gleichgültig; er traute ihm in der Welt sogar mehr zu als der kantische Idealist, eine quasi magische Fähigkeit, die Dinge zu bewegen. Was in Flossenbürg oder auf dem Bankentag möglich war, mußte auch im Frauenministerium funktionieren. Der Unternehmer, der der Arbeitsmarktstatistik zum Trotz Leute einstellte, hatte getan, was zu tun war, um den Trend umzukehren. In Monte Carlo war schließlich zuerst auch nur eine Würstchenbude.

Kohl glaubte nicht an den Weltuntergang. Um jedes Apfelbäumchen, das er pflanzte, sah er eine Plantage emporwachsen. Das beste Beispiel für diesen Optimismus ist die Gründung des Ministeriums, das nach der Reaktorkatastrophe von Tschernobyl die schlimmsten Befürchtungen entkräften sollte. Daß die Einrichtung eines eigenständigen Umweltministeriums der Sache der Natur diente, kann man mit verwaltungswissenschaftlichen Argumenten bestreiten. Innenminister Zimmermann sperrte sich dagegen, die mit Kernenergie und Naturschutz befaßten Abteilungen seines Hauses abzutreten, und gab zu bedenken, da die Umwelt keine Lobby habe, gehöre sie in die Obhut eines starken Ressorts. Daß nur eine Minderheit für die Umwelt kämpfte, alle aber von ihrem Zustand betroffen zu sein glaubten, mochte für Kohl indes gerade ein Grund für ein eigenes Türschild und eine eigene Postanschrift sein: Wenigstens in Bonn, sollten sich die Bürger sagen, saßen Leute, die sich den ganzen Tag lang um den Umweltschutz Sorgen machten. Zimmermann konnte zwar überdies auf seinen persönlichen Einsatz verweisen; hier hatte er für seinen Ordnungssinn eine Betätigung gefunden, die auch den Gegnern des Polizeiministers Respekt abnötigte. Doch daß der neue Mann, Frankfurts Oberbürgermeister Wallmann, keine Erfahrung auf ökologischem Gebiet vorzuweisen hatte und zunächst einmal Physik- und Chemiebücher studieren mußte, war nachgerade eine Empfehlung in einem Moment, als das Vertrauen in das Expertentum vollends zusammenzubrechen drohte. Er war der perfekte Stellvertreter des besorgten Bürgers.

Die Sprechstunden des Ministerpräsidenten Kohl hatten den Landeskindern noch versprochen, Vater Staat wisse in jeder Notlage Rat. Wo die ganze Gesellschaft ratlos war, war es um so glaubwürdiger, wenn der Staat kein besseres Wissen mehr in Anspruch nahm. So gesehen war es nicht ganz fair, Wallmanns Rhetorik der Nachdenklichkeit als Beschwichtigungstaktik zu rügen, denn einerseits ließ man sich nicht wirklich beruhigen, wenn Wallmann die Atomkraft nach einigem Nachdenken für weiterhin verantwortbar erklärte, andererseits hörte man es trotzdem mit Erleichterung. Denn kaum jemand war im eigenen Leben zu der Askese bereit, die eine umweltpolitische Umkehr gefordert hätte. Gleichwohl hatte »Die Zeit« nicht unrecht, wenn sie Wallmanns Berufung zum »Beruhigungsminister« typisch für Kohls Kunst der Krisenbewältigung nannte. Nach dem Schock von Tschernobyl bewährte sich Kohls Erfahrungssatz, daß das Wesen der modernen Politik Kommunikation oder – mit seinem Wort – Psychologie ist.

Zur selben Zeit legte Niklas Luhmann den gleichen Gedanken in seiner Theorie der ökologischen Kommunikation dar. Sicherheit gibt es nicht, weil die Nebenfolgen keiner Handlung kalkuliert werden können. Mit der Verantwortung für die Schöpfung würden sich die Politiker übernehmen. Sie spielen aber eine wirklich verantwortungsvolle Rolle im gesellschaftlichen Gespräch über Sicherheit und Unsicherheit. Während man die Folgen eines Eingriffs in die natürliche Umwelt kaum prophezeien kann, läßt sich mit ziemlicher Sicherheit sagen, daß die fortwährend wiederholte Forderung nach einer illusionären Beseitigung aller Risiken Unsicherheit produziert. Aufgabe der Politik ist es dann, den Bürgern eine gelassene Sicht der Dinge nahezubringen, ohne vor bekannten Risiken die Augen zu verschließen.

Ausgerechnet der Unfall, der als Einbruch der Realität in eine Scheinwelt der herbeigerechneten Sicherheit erlebt wurde, stärkte eine Politik, die nicht so sehr die Dinge als die Ansichten über die Dinge verändern wollte, die sich also in Luhmanns Begrifflichkeit mit der Beobachtung der Beobachter beschäftigte. Hohn hatte Kohl als Oppositionsführer und in den ersten Jahren als Bundeskanzler auf sich gezogen, weil er eine Schwäche dafür zu haben schien, schwierige Situationen schönzureden. Strauß, der wohl auch deshalb, weil ihm jedes Wort zu Gebote stand, einen altmodischen Begriff von der Herrschaft des Politikers über die Dinge hatte, spottete über Kohls Fähigkeit, »aus Regen durch Erklärung Sonnenschein zu machen«. Aber Kohl hatte begriffen, daß derjenige Wahlen gewann, der ein Bild der Welt malte, in dem sich die Mehrheit wiedererkennen wollte. Der Politiker war in der Tat verdammt, gut Wetter zu machen. In der Umweltpolitik gelang es Kohl und seinem Minister sogar, durch Erklärung Sonnenschein aus saurem Regen zu machen.

Es war schon in den siebziger Jahren erkannt worden, daß Luhmanns Funktionalismus, eine hochallgemeine soziologische Theorie, seine Schärfe der Reflexion über eine ganz besondere Gesellschaft, die junge und nicht nur insofern geschichtslose Bundesrepublik, verdankte. Die damals dominante Ideologiekritik mußte hinter Luhmanns wissenschaftlichen Interessen politische Absichten vermuten. So geriet der Bielefelder Gelehrte in den Verdacht, er stelle den Herrschenden eine »Sozialtechnologie« bereit, die den Bürgern die Kritik und den Institutionen den Sinn austreibe. Erst in der Ära Kohl, als die geschichtsphilosophischen Hoffnungen der Linken verblaßten, wurde Luhmann zum Staatsphilosophen der Bundesrepublik ausgerufen. Eine Theorie, die das Erstaunen darüber festhielt, daß die Dinge überhaupt liefen, statt ihnen vorzuschreiben, wohin sie laufen sollten, kam einer Stimmung der Ernüchterung entgegen, die auch die Rechten ergriffen hatte, deren Sehnsucht nach einer Rücknahme der Emanzipationen der siebziger Jahre sich nicht erfüllte. Luhmanns Lehre hatte den Ruf einer Arkanwissenschaft genossen, eines kybernetischen Machiavellismus; nun gingen ihre Leitbegriffe wie »Selbstreferenz« in die Umgangssprache der Gebildeten ein. Das »politische System« war keine Zitadelle mehr, die es zu schleifen galt, sondern ein unzerstörbares Raumschiff, das selig durch die Galaxis der Gesellschaft trudelte. An Bord war ein ewiger Wettstreit um die Plätze auf der Kommandobrücke im Gang, und alle aufgefangenen Daten wurden daraufhin geprüft, was sie für die Machtchancen der Mitspieler bedeuten konnten. Dieser geschlossene Kreislauf war weder mit Geld noch mit guten Worten aufzusprengen, wie auch umgekehrt etwa das Wirtschaftssystem sich nicht durch politische Direktiven steuern ließ.

Bei der Bundestagswahl 1994, befand der Soziologe Heinz Bude, wurde eine Generation noch einmal im Besitz der Macht bestätigt, die ihre Mission schon erfüllt hatte. Kohl, für den Politik nichts als Politik war, verkörperte für Bude den selbstbezüglichen Politikstil der Achtziger, »der Dekade des Rokoko«. An der kunsthistorischen Metapher erstaunt, wie selbstverständlich der Sozialforscher ein moralisches Ressentiment gegen die Kunst, die sich selbst genügt, mobilisierte, dessen Recht man schon für das Reich des Ästhetischen bezweifeln kann. Von der Politik der Epoche nach Kohl forderte Bude neue Entwürfe des sozialen Ganzen; nach der Dekade des Rokoko sollte die Zeit eines neuen Klassizismus anbrechen. Aber was ließ sich nicht alles zur Rettung der Verspieltheit vortragen, zu Ehren eines antiheroischen Ideals, das an sich selbst genug hatte! Wenn Bude die Politik wieder auf überpolitische Werte verpflichten wollte, auf das Menschheitswohl oder die Gerechtigkeit, so traf sich dieser neue sittliche Ernst der Linken mit einem ähnlichen Unbehagen gegenüber dem Pathosverzicht der professionellen Politik bei manchem Konservativen. Sogar Wolfgang Schäuble, der in Fraktion und Regierung im Stil eines englischen Chefeinpeitschers das Management als schöne Kunst praktiziert hatte, beschwor eines Tages die Geister von Nation und Gemeinschaft.

Doch Kohl hatte diejenigen Leistungen, denen auch seine ehemaligen Verächter historischen Rang zusprachen, nicht etwa dadurch erbracht, daß er sich über die Niederungen des Alltags emporgeschwungen hätte. Er fand als Staatsmann Anerkennung, blieb aber Politiker. In der welthistorischen Krise, die mit der Durchlöcherung des Eisernen Vorhangs anhob, war für ihn maßgebend, was ihn immer geleitet hatte: der Primat der Innenpolitik, der parteipolitische Vorteil und seine eigene Macht. Die Nation und wohl selbst das Volk waren für ihn keine Substanzen, die ihm das Gesetz des

Handelns hätten vorgeben können. Er dachte vielmehr ausschließlich in Funktionsbegriffen, sah alles auf den Zweck an, dem es dienen konnte. Das Wort »Funktionär« komme von »funktionieren«, erläuterte er 1996, als ihm die Ehrenmitgliedschaft des 1. FC Kaiserslautern übertragen wurde. In einer moralischen Sprache, die die Selbstherrschaft prämiert, die Freiheit, aus der Welt herauszutreten, hat das Tätigkeitswort, mit dem man Maschinen lobt, keinen guten Klang. Kohl freilich wollte die Vereinsbeamten nicht kränken, die ihn in die Ewigenmannschaft vom Betzenberg berufen hatten. Für ihn bezeichnete das Funktionieren ein moralisches Ideal: Süß und ehrenvoll ist es, alle Kräfte für das große Ganze einzusetzen. Sein Zweck der Zwecke war keine metapolitische Idee wie die Gerechtigkeit der Linken und keine vorpolitische Realität wie die Nation der Rechten, sondern ein so künstliches wie lebendiges Gebilde, dessen Wesen wiederum im Funktionieren lag: das politische System, in dem er selbst die zentrale Rolle spielte.

Als die internationale Lage die Erweiterung der Bundesrepublik erzwang, widerstand er den Rufen nach einer Neuformulierung der Staatsräson. Trotz der erheblichen Belastung der Staatsfinanzen durch das Einheitsprojekt wollte er nichts von der dubiosen Analogie wissen, nach dem Zusammenbruch der Staatlichkeit in Ostdeutschland seien auch alle Strukturen Westdeutschlands einer Inspektion zu unterwerfen. Sich zum Vollstrecker eines Spruchs der Geschichte zu stilisieren, um eine Reform des Staates an Haupt und Gliedern ins Werk zu setzen, lag ihm völlig fern. An Einladungen fehlte es nicht. So kam es unter den führenden Köpfen der deutschen Wissenschaft in Mode, schlecht von den Universitäten zu sprechen.

Doch den Institutionen schlug nun ironischerweise zur Rettung aus, daß Kohl kein Interesse für sie aufbrachte. Erst zwei lange Legislaturperioden später wurde Kohl von den Folgen seiner wohlwollenden Nachlässigkeit eingeholt. Man konnte es fast tragisch nennen, daß er sich 1998 gezwungen sah, einen Reformstau zu beklagen, der doch nur bewies, daß es ihm in der Krise gelungen war, seiner Heimat alle Erschütterungen zu ersparen.

Mancher Kinogänger nennt einen Streifen einen Mistfilm, in dem es nur drei Tote pro Stunde gibt. Ebenso war vielen Betrachtern das Drama der Jahre 1989 und 1990 nicht dramatisch genug. Von Wohlhabenden konnte man hören, die Westdeutschen hätten frühzeitig zur Kasse gebeten werden sollen. Wer historisch gebildet war, setzte hinzu, Kohl hätte nach dem Vorbild Churchills eine Blut-Schweiß-und-Tränen-Rede halten sollen. Der Vergleich war nicht eben geschmackvoll. Großbritannien war 1940 in seiner Existenz bedroht, was man von der Bundesrepublik 1989 nicht behaupten konnte. Im übrigen hatte Churchill sich während des Weltkrieges keinen Wahlen zu stellen, während die Ende 1990 anstehende Bundestagswahl nicht aufzuschieben war. Statt den nationalen Ausnahmezustand auszurufen und das politische Geschäft zu suspendieren, fuhr Kohl mit seinen gewohnten Verrichtungen fort. Seine Rede von der Normalität erhielt nun emphatischen Charakter, da die Alternative, eine Kampagne der nationalen Mobilisierung, immerhin denkbar geworden war. Gegenüber der Staatenwelt gab Kohl ein Versprechen ab, das nicht eindeutiger hätte sein können: Nicht das politische System der Bundesrepublik, das durch seine auf Konsens und Gleichgewicht geeichte Mechanik außenpolitische

Abenteuer erschwerte, wurde der neuen Rolle Deutschlands angepaßt, sondern diese Rolle wurde umgekehrt so definiert, daß das politische System intakt bleiben konnte.

Sechs Tage vor dem Fall der Mauer fanden in Bonn deutsch-französische Gipfelgespräche statt. Auf der abschließenden Pressekonferenz fiel Staatspräsident Mitterrand auf, daß seinem Gastgeber bei Fragen nach der deutschen Einheit unbehaglich zumute war. Die »innere Distanz Kohls zum Umbruch in der DDR«, von der Klaus Dreher spricht, war gerade die Voraussetzung dafür, daß er die Situation in die Hand nehmen konnte. Daß er zunächst langsam reagierte, war die passive Seite derselben Freiheit, die ihn dann die Dinge beschleunigen ließ. Die großen Individuen nennt Burckhardt die Koinzidenz des Verharrenden und der Bewegung in einer Persönlichkeit. Als der Weltprozeß plötzlich in fruchtbare Schnelligkeit geriet, wahrte er seinen festen Standpunkt: das Interesse an der Stabilität der Bundesrepublik, von der sein politisches Schicksal abhing. Der Zehn-Punkte-Plan erschien als abrupte Kursänderung, zumal er als Überraschungscoup inszeniert wurde. Aber Kohl blieb sich treu; »es ging ihm«, wie Peter Bender 1996 schrieb, »nicht um Deutschlandpolitik, sondern um die Meinungsführerschaft in der Deutschlandpolitik«. Daß das Grundgesetz um der Vereinigung willen nur an den wenigen Stellen geändert wurde, die ihren Wortlaut nicht behalten konnten, mag Kohl, der sich immer an seinem Gefühl für das Machbare und nicht am Buchstaben des Verfassungsrechts orientiert hatte, weniger wichtig gewesen sein als denjenigen seiner Kollegen, die sich lieber auf Institutionen verließen als auf Intuitionen.

Es muß ihn mit besonderer Genugtuung erfüllt

haben, daß der diplomatischen Revolution keine Umwälzung jener inneren Ordnung folgte, an der er alle seine Handlungen ausgerichtet hatte: des Parteiensystems. Der Wunsch nach einer schnellen Vereinigung artikulierte sich bei der Volkskammerwahl im Vertrauensvorschuß für die Partei des Bundeskanzlers. Der erste gesamtdeutsche Bundestag sah aus wie der letzte westdeutsche, sieht man von der winzigen Vertretung des ostdeutschen Ancien Régime ab. Zur selben Zeit brach das italienische Parteiensystem zusammen: Die Democrazia Cristiana, die sich wie ihre deutsche Schwester als Vorhut des Antikommunismus und geborene Regierungspartei gesehen hatte, überlebte das Ende des Kalten Krieges nicht. Für Kohl zahlte es sich aus, daß er nicht wie Churchill ein Kabinett der nationalen Einheit gebildet hatte: Als der Alltag des Streits wieder begann, wurde er nicht in die Wüste geschickt.

Hatte die CDU mit der Rückgewinnung der nationalen Einheit ihre historische Mission erfüllt? Acht Jahre nach der Vereinigung war die Partei noch nicht zerbrochen, obwohl sie ständig an Stimmen verloren hatte. Aber auch die Nationalliberalen beherrschten acht Jahre lang die Innenpolitik des Bismarckreiches, obgleich Kritiker meinten, ihr Name weise sie nach dem glücklichen Ausgang des nationalen Kampfes als Anachronismus aus. Die CSU widerstand der Versuchung, zur Sammlung der Euroskeptiker zu blasen, obwohl sich die Erneuerung der Kreuther Option nach zwei Jahrzehnten mit einem echten Richtungsunterschied hätte begründen lassen. Da es der SPD zu riskant war, ihre Oppositionsrolle zu spielen, fand die Kritik der dritten außenpolitischen Wegentscheidung der Ära Kohl, des Vertrags von Maastricht und der Abschaffung der D-Mark, keine Resonanz im Parteiensystem. An den ersten beiden Gabelungen, bei der Nachrüstung und bei der Wiedervereinigung, hatte sich der Dualismus von Regierung und Opposition insofern bewährt, als das Volk in den Wahlen von 1983 und 1990 eine echte Wahl zwischen Zustimmung und Ablehnung respektive Skepsis hatte. Die SPD wurde für diesen Dienst an der Integration der Schwarzseher und Mißvergnügten freilich nicht belohnt. Kohl hingegen hatte richtig gewettet. Als 1989 das Mauerwerk des Ostblocks zu bröckeln begann, durfte Kohl sich doppelt bestätigt sehen, gegenüber den Weltuntergangspropheten, die die amerikanischen Raketen als Teufelszeug verdammt hatten, und gegenüber den Apokalyptikern im eigenen Lager wie dem mittlerweile verstorbenen Strauß, die ständig um die Nervenstärke des Westens besorgt gewesen waren.

Kohls Ahnung, mit der Entwicklung im Bunde zu stehen, die bisher von erfolgreichen Wahlkampagnen genährt worden war, erhielt 1989 eine Kräftigung neuer Art. Nach der Zustimmung der Menschen wurde ihm der Zuspruch der Dinge zuteil. Beides verschmolz, als er endlich selbst den Boden der DDR betreten konnte. Protokollarische und diplomatische Rücksichten hinderten den Kanzler zunächst daran, wie andere Spitzenpolitiker auf die Ostdeutschen im Wortsinn zuzugehen. Daß sein Amt ihn fesselte, muß ihn geärgert haben, da nach seiner Auffassung seine Amtspflicht nicht mehr und nicht weniger von ihm forderte, als am richtigen Ort das Richtige zu tun. In der DDR kam er dann erst recht in seine Welt, wo jeder Amtsträger suspekt war und nur noch persönliche Autorität den Sturz ins Chaos zu verhindern schien.

Am Abend des 19. Dezember 1989 sprach Kohl vor der Ruine der Frauenkirche in Dresden vor einer hunderttausendköpfigen Menge. Er erfuhr am eigenen Leibe, welche gewaltigen Erwartungen sich auf ihn richteten. Fast hätte er seine Rede nicht zu Ende gebracht: Es verschlug ihm die Sprache, als er spürte, daß er in diesem historischen Moment unersetzlich war. Wenn er ein römischer Feldherr gewesen wäre und seine Legionäre durch Anrufung der Schutzgötter des Staates zum Kampf für die Einheit der Republik hingerissen hätte, dann wäre in den Geschichtsbüchern später von himmlischen Wunderzeichen die Rede gewesen. Der glückliche Augenblick stand außerhalb der Zeit und doch nicht jenseits von Kohls Erfahrungswelt. Die Kommunion des Redners mit dem Volk erfüllte, was die Wahlveranstaltungen in Westdeutschland versprochen hatten. Das Schönste an der deutschen Vereinigung war für die Politiker wahrscheinlich diese Vereinigung mit den Bürgern. Wir sind ein Volk: Gewöhnlich nahmen die Unteren die Beteuerungen der Oberen, sie gehörten dazu, nie ohne Mißtrauen auf; nun öffneten sich Millionen Arme weit genug, um auch die einsamen Machtarbeiter einzuschließen. Wer auf einem Kirchplatz Wahlkampfreden hielt, stand auf dem Prüfstand. Die Zuhörer machten die Probe, wieweit sie sich von ihm mitreißen lassen wollten, und behielten sich ihr Urteil vor; erst in der Wahlkabine entschied sich, ob ihre Begeisterung echt gewesen war. In Dresden mußte Kohl nichts beweisen; als er anfing zu sprechen, fiel der Druck von ihm ab. Er sagte nur das Einfachste, sprach aus, was alle dachten. Schon die Anrede »Liebe Landsleute« rief ohrenbetäubenden Jubel hervor.

Wo die volkstümliche Floskel auf einer Wahlkundgebung diejenigen Zuhörer befremden kann, die vom Repräsentanten des Gemeinwesens wohlgeformte

Sätze als sprachliches Abbild staatlicher Ordnung erwarten, da artikulierte sich in dieser ungeplanten Versammlung eine Kraft, die sich an keiner Institution brechen wollte, eine Spontaneität, deren reiner Ausdruck das ins unreine gesprochene Wort war. Es war immer riskant gewesen, wenn Kohl in seinen Reden den Boden der Politik verlassen und ein Reich des privaten Glücks jenseits aller öffentlichen Zwänge beschworen hatte; als Träger eines öffentlichen Amtes rückte er sich selbst ins Zwielicht. Diesmal traf er mit seinem Refrain von der unversehrten, unpolitischen Welt den richtigen Ton. »Wir wollen, daß die Menschen sich hier wohl fühlen. Wir wollen, daß sie in ihrer Heimat bleiben und hier ihr Glück finden können.« Die Bewohner der DDR hatten das Politische nur als tyrannisch erlebt. Als das Gebäude der Unterdrückung einstürzte, mußten sie befürchten, nun endgültig unter der Politik begraben zu werden. Kohl entlastete seine Zuhörer und sich selbst für einen vorweihnachtlichen Abend von allem, was zur Politik gehört, von Abwägungen, Befürchtungen und Hintergedanken.

Ihm hatten Zeit und Informationen gefehlt, um zu erwägen, welche Äußerungen taktisch ratsam sein mochten; sein Manuskript bestand aus ein paar Blättern, auf denen er mit schwarzem Filzstift Stichworte notiert hatte. Und die Leute, die auf den freien Platz vor der Weltriegsruine strömten, wußten wohl auch nicht so genau, was sie hören wollten. Wer wählt, gibt Kredit in Erwartung einer Gegenleistung; er hätte auch eine andere Wahl treffen können. Hier fühlte sich Kohl von einer Menge getragen, die ihm bedingungslos Vertrauen schenkte; die Versammelten hatten ihn nie gewählt und gewährten ihm freie Hand. Die absichtslose Übereinstimmung zwischen dem westdeutschen Politiker und den ostdeutschen Bürgern mußte unwiderstehlich scheinen. In den Wochen vorher hatte Kohl fortwährend seine Optionen prüfen müssen. Was er tun konnte, schien von den Launen der Mitspieler im Staatensystem abzuhängen und von den Listen der Machthaber im Osten, die keine Stabilität mehr garantieren konnten und zugleich mit der rudimentären Legitimät des Garanten des Status quo auch ihre Berechenbarkeit verloren. Der demokratische Prozeß hatte nach Kohls Erfahrung eine Einheit des politischen Geschehens hergestellt: Wer sich auf die Bewegung der Meinungen einließ, kam nicht vom Wege ab; Regierende und Regierte hielten sich aneinander fest und blieben in der Mitte. Als die Mauer brach, verloren die Dinge Richtung und Zentrum, entzogen sich dem Zugriff des Politikers. Erst in Dresden wurde Kohl wieder von der Gewißheit ergriffen, daß in den Ereignissen eine Tendenz wirksam war, der sich niemand dauerhaft widersetzen konnte. Rousseaus konstituierende Macht ließ ihre Gewalt fühlen – freilich in einem Akt der puren Gewaltlosigkeit, einem Freudenfest, das mit dem Karnevalslied »So ein Tag, so wunderschön wie heute« endete. Der Wille aller war allgemeiner Wille, denn alle wollten eins sein. Der Einheitswunsch war unbedingt, weil er unbestimmt war: Der Raum sollte erst geschaffen werden, in dem alle anderen Probleme gelöst werden konnten.

Linke, die angesichts der Fernsehbilder von den Massendemonstrationen vor einer Wiederkehr des Nationalismus warnten, verkannten, daß sie dem seltenen Schauspiel beiwohnten, wie der Volkssouverän Gestalt annahm. Mancher Journalist, der die Regierung unterstützt hatte, solange sie für das Bestehen des Bestehenden stand, warf Kohl Verrat an der Bundesrepublik vor. Aber die Parole von der Verwestlichung, die nicht aufs Spiel gesetzt werden dürfe, verriet in Wahrheit, daß die Eliten noch immer dem Volk mißtrauten. Die meisten Mahner, die über die schlecht gekleideten Übersiedler die Nase rümpften, einte die Herkunft aus einem Spießbürgertum, das den eigenen sozialen Status auf geistige Überlegenheit zurückführte und sich schon im neunzehnten Jahrhundert vor den entfesselten Volksmassen gefürchtet hatte. Kohl dagegen wußte, daß es gegen den Willen zur Selbstbestimmung keine respektablen Argumente gab, weil alle auf Fremdbestimmung hinausliefen.

Als er in Dresden sprach, überkam ihn das Gefühl, daß die Einheit unaufhaltsam war. Zu seinen Begleitern sagte er hinterher: »Das läuft.« Die natürliche Kraft, die sich gegen jeden Widerstand durchsetzt, und der Anspruch auf Anerkennung durch die Welt fallen im Streben nach Autonomie zusammen: Für Kohl waren in seinem Leben sowohl Triumphe als auch Zurücksetzungen mit dem Drang verbunden, er selbst zu sein. Von Leuten, die sich für etwas Besseres hielten, war er ausgelacht worden, weil er sich ungeschickt ausdrückte und unmodern kleidete. Aus Erfahrung ahnte er, daß alle Kränkungen die Deutschen in der DDR nur in ihrem Selbstgefühl bestärkten. Das souveräne Volk macht geltend, was jedes moderne Individuum in Anspruch nimmt: die eigene Unersetzlichkeit. Im Frühjahr 1991 bemerkte Kohl zu seinen Beratern über den britischen Premierminister Major, den Sohn eines Trapezartisten und Gartenzwergverkäufers: »Der Mann ist eine Wohltat. Er kommt von unten und weiß es. Mit dem kommen wir in Europa voran.« Vom sozialen Aufsteiger erwartete Kohl Sympathie für den nationalen Parvenü.

Im uneinholbar Persönlichen, im Verzicht des mit

sich selbst beschäftigten Individuums auf eine Anpassung an die Stilbegriffe der besseren Leute, liegt für den Beobachter etwas Unpersönliches: Wer Fremdbestimmung abwehrt, muß nicht zeigen, wer er ist. Erst die Alltagshistorie der achtziger Jahre entdeckte in den scheinbar von Reflex und Instinkt regierten Ritualen den Stolz listiger Eigenbrötler. Kohl, der sich so leicht reizen ließ, wenn man ihn zu kategorisieren versuchte, konnte das Gefühl vermitteln, niemand müsse sich für seine Lebensweise rechtfertigen. Daß in Kohls Deutschland ein jeder nach seiner Façon selig werden solle, hätte vom Individuum noch zuviel protestantische Arbeit am Ich verlangt; Kohl war es recht, daß sich jedermann nach seiner Façon an die Welt verlor.

Ein Individualismus der Unsicherheit, der gar nicht aus den Quellen der Persönlichkeit zu schöpfen versuchte, weil er insgeheim fürchtete, sie seien ausgetrocknet, fand leicht Gefallen am nationalen Gedanken. Wer mit anderen eins sein wollte, bekräftigte, daß er er selbst zu sein hoffte, ohne daß er angeben mußte, wer er war. Wer konnte schon sagen, was der Name Deutschland bedeutete? Und doch wußte jeder, was mit dem Wort gemeint war. Wem es wichtig war, sich einen Deutschen zu nennen, der forderte Achtung für einen bloßen Namen. Auch seinem eigenen Namen, den vielleicht niemand kannte, gebührte dann Respekt. Daß Kohl der Kanzler der Einheit zu werden verdiente, kann man nicht damit begründen, daß er mit größerem Ernst als die Mehrzahl seiner Kollegen und Rivalen am Ziel der Wiedervereinigung festgehalten hätte. Als der CDU-Bundestagsabgeordnete Bernhard Friedmann dem Kanzler auf einer Fraktionssitzung im November 1986 die Frage vorlegte, ob die abrüstungspolitischen Fortschritte der Supermächte deutschlandpolitische

Chancen eröffneten, mußte er sich die Beschimpfung gefallen lassen, er rede »hirnrissigen Quatsch« und »blühenden Unsinn«. Was Kohl, als die Situation da war, instinktiv begriff, war die Sehnsucht nach Selbstachtung, die sich im Ruf nach der nationalen Einheit artikulierte: Er selber hatte zu sich gefunden, als er sich mit dem Schicksal seines Landes verbunden hatte.

Nach Kohls Kanzlerwahl war im »Spiegel« eine sprachkritische Analyse von Hellmuth Karasek erschienen. Der Verfasser erzählte darin die tragikomische Geschichte, wie Kohl sein authentisches Pfälzisch gegen ein papierenes Hochdeutsch eingetauscht habe, und saß damit einem romantischen Mißverständnis auf. Er übersah, daß Kohl sich schon immer in ungelenk kombinierten Gemeinplätzen ausgedrückt hatte, und verkannte, daß diese abgeleitete Sprache der authentische Ausdruck eines beschädigten Lebens war. Das Vokabular der Gewerbe und Handwerke geriet in Vergessenheit in einer Welt, in der die Menschen immer seltener mit Dingen arbeiteten und immer öfter mit Papieren; der Politiker kennt überhaupt kein anderes Material. Die Originalität des Feuilletonisten hielt die Leser auf Distanz, die Verwechselbarkeit des Redners lud die Zuhörer ein zur Identifikation. Besonders lustig erschien Karasek eine historische These Kohls: Die Bundesrepublik entstand, »weil der einzelne sein eigenes Ich und seine Sehnsüchte in das Wir des Ganzen eingebracht hat«. Acht Jahre später kam es zur Neugründung der Bundesrepublik, weil wieder Millionen einzelne nicht mit ihrem Ich alleine sein wollten.

»Wer der Kanzler der Einheit sein wird«, erklärte Kohl im Februar 1990, »wird die Geschichte entscheiden.« Diese Redeweise, die Stilisierung der Geschichte zu einer handelnden Person, war erst seit der Französischen Revolution möglich. Sie setzt die Vorstellung voraus, daß alles, was geschieht, Moment eines großen Prozesses ist: Der Sturm auf die Bastille war das Kippen eines Dominosteins, das Folgen in der ganzen Welt hatte. Die klassischen Historiker hatten eine Vielzahl von Geschichten erzählt, von denen jede auf eine besondere Lehre hinauslief. Wenn es aber eine Geschichte über den Geschichten gab, dann ließ sich der gesamten Weltgeschichte eine Moral abgewinnen. Wer das Gesetz der Verknüpfung begriffen hatte, durfte das Urteil der Geschichte vorwegnehmen. Konservative und liberale Kritiker linker und rechter Weltverbesserungsprogramme haben diesen Appell an das diesseitige Weltgericht der Geschichte als mythische Verdinglichung entzaubert: Die Ziele einer Partei werden als Telos des Weltgeschehens ausgegeben; es ist der Prophet selbst, der herbeiführt, was er vorher verkündet hat. Philosophen mochten die Geschichte, die alle anderen Geschichten verschluckt und zu guter Letzt den Sinn des Lebens von sich gibt, als Konstrukt entlarven; für Staatsmänner behielt der emphatische Singular seine Plausibilität. Denn diese Redeweise drückte nicht nur eine Erwartung, sondern auch eine Erfahrung aus. Die Hoffnung, Geschichte lasse sich machen, der Mensch könne die Verhältnisse in die Hand bekommen, mochte man als phantastischen Traum abtun. Aber sie war die Umkehrung des pessimistischen Verdachts, die Verhältnisse seien stärker als der Mensch. Auch diese Idee setzte voraus, daß alles mit allem zusammenhing. Sie entsprach der Lebenserfahrung des handelnden Politikers, der jederzeit mit einer unglücklichen Verkettung von Umständen rechnen mußte. Sein Wille stieß irgendwann immer mit einer Gegenmacht zusammen, und sein kämpferisches Selbstgefühl legte es ihm nahe, auch dieser Macht einen Willen zu unterstellen. Die Geschichte war, was die Absichten der Akteure am Ende vereitelte, oder im guten Fall der Inbegriff der Bedingungen, unter denen eine Idee Wirklichkeit werden konnte.

Kohl wurde ausgelacht, wenn er die Geschichte beschwor; statt den Weg in die Zukunft zu weisen, ruderte er im Ungefähren. »Die Geschichte nimmt ihren Lauf, davon bin ich fest überzeugt.« Die Spötter verkannten, daß die Kraft der Kategorie gerade in ihrer Allgemeinheit liegt. Als Kohl im Jahr von Adenauers hundertstem Geburtstag aufgefordert wurde, die von ihm reklamierte Wahlverwandtschaft zu rechtfertigen, nannte er als Gemeinsamkeit das historische Denken, »die Vorstellungswelt, die sich unter geschichtlichen Perspektiven herleitet«. Aber er bestimmte diese Welt nicht näher, sondern umschrieb sie mit Ausdrücken, denen alles Geschichtliche im Sinne des Besonderen, Zeitlichen und Persönlichen abging: »das Lebensgefühl, die Gesamtvorstellung vom Leben, von Pflichten, von Freuden und auch von der Politik«. Und in seiner Gedenkrede pries er im selben Jahr Adenauers Kunst, sich vom Einzelnen zum Allgemeinen, vom Vergänglichen zum fast schon Ewigen zu erheben, die »Fähigkeit, das Unwesentlichste, das des Tages, vom Wesentlichsten, vom Strom der Geschichte, zu trennen«. Die geschichtliche Welt ist das Reich des Unberechenbaren und Unerwarteten, wo alle Theorien widerlegt und alle Dogmen verworfen werden. Hier versagen die Allgemeinbegriffe. Und auch von der Geschichte selbst kann man im allgemeinen nur sagen, daß sie ihren Lauf nimmt: Die Geschichte ist die Geschichte, und das ist die ganze Geschichte.

In Kohls historischen Phantasien drückte sich keine

Treue zu Traditionen, Herkunft oder Heimat aus, erst recht keine Parteinahme für das Bestehende. Er wünschte nicht ernsthaft, daß die Dinge sich gleichblieben; sein Leben lang war er vorangekommen, wenn sie sich bewegten. Als Journalisten Kohl am 9. November 1989 gegen Mitternacht in Warschau um ein Wort zum welthistorischen Augenblick baten, bekamen sie, wie Klaus Dreher notiert, nur einen Gemeinplatz zu hören: »Das Rad der Geschichte dreht sich schneller.« Die Frager hatten den Kanzler keineswegs in einem schwachen Moment erwischt. Wenn er fast unbeteiligt klang, so enthüllte sich hier eine seiner Stärken, seine unheimliche Fähigkeit zur Abstraktion, die Gabe, vom Ereignis abzusehen und das Auge auf den Weltprozeß zu richten. Auch die größte Überraschung bestätigte die Gesetze der Geschichte. In der Nacht, da alle Welt außer sich war vor namenloser Freude, fiel ihm ausgerechnet das Bild vom Rad der Fortuna ein. Der Witz des Sinnbilds ist die eherne Prophezeiung, daß auf jeden Aufstieg ein Fall folgt: Der König, der heute noch oben auf dem Rad thront, wird von ihm morgen überrollt. Mitten im allgemeinen Freiheitsjubel dachte Kohl unwillkürlich an die Notwendigkeit. Wie Burckhardt es gelehrt hatte, faßte er die Krise als Beschleunigung der Weltbewegung auf: Eine Situation, die ungeahnte Chancen eröffnete, schuf auch unkalkulierbare Risiken. Um die Geschwindigkeit eines Systems zu messen, muß man außerhalb des Systems stehen. Wer die Gegenwart historisch ansieht, macht sie im Geiste schon zur Vergangenheit: Er rechnet mit der Austauschbarkeit aller Dinge. Unersetzlichkeit gibt es dann nur von Gnaden der Geschichte: Wer sich mit der Tendenz verbündet, hofft darauf, daß er einstweilen seinen Platz behalten darf.

Das Rad, das sich schneller dreht, wurde zum Leitbild der Welterfahrung erst, als der Bau von Rädern möglich war, deren Umdrehungszahl sich scheinbar beliebig steigern ließ. Die hohe Zeit der Geschichte ist die Epoche der Dampfkraft. Das Emblem des Fortschritts ist die Eisenbahn: Das dampfbetriebene Fahrzeug muß nicht gesteuert werden, wenn es auf Schienen gesetzt wird; die Richtung ist vorgegeben, die ganze Energie kann in die Räderleistung fließen. Gegenüber dem Rad, das sich ewig um seinen Mittelpunkt dreht, zeichnet dieses Bild aus, daß es einen Hintergrund braucht. Der Zug fährt ab, der Bahnhof bleibt. Dem Politiker, der unaufhaltsame Veränderungen verkündet, macht das Paradox zu schaffen, daß seine Weissagung möglicherweise gerade dann nicht eintritt, wenn jeder an sie glaubt. Was man nicht aufhalten kann, meint man, muß man auch nicht befördern. Es empfiehlt sich daher, das fast Unvermeidliche zugleich als extrem unwahrscheinlich hinzustellen; die ganze Geschichte hängt dann an einem Moment. Irgendwann wird der Zug abgefahren sein: Das ist seine Verheißung und sein Schrecken. Man muß sich entscheiden aufzuspringen; hat man den Zug verpaßt, holt man ihn nie wieder ein.

Seltsam berührt am Kursbuch der Weltgeschichte, daß es keine regelmäßigen Verbindungen gibt. Man konnte glauben, es würden ausschließlich Sonderzüge eingesetzt. Manchmal, heißt es, wächst längst Gras auf den Schienen, bevor der nächste vorbeikommt. »Dieser Zug fährt nur alle paar Jahrzehnte mal durch die Geschichte. Wir dürfen ihn nicht verpassen.« Es war nicht die Wiedervereinigung, die Kohl 1968 nahen sah, gleichwohl eine territoriale Neuordnung: die rheinland-pfälzische Gebietsreform. Kohl versprach einmalige Erlebnisreisen und rechnete doch mit regem

Zugverkehr in der Geschichtslandschaft. Die Dramatisierung, auf die Kohls historische Rhetorik zunächst zielte, drohte sich durch inflationären Gebrauch ins Gegenteil zu verkehren. Geschichte war alles, was geschah oder geschehen sollte, und der Sturz von Erich Honecker war nicht historischer als die Pensionierung eines Regierungspräsidenten. Seltene Münzen sind nur selten, wenn sie selten sind, und historische Augenblicke werden alltäglich, wenn sie sich wiederholen. Aber im Alltag war Kohl zu Hause.

Als Kohl am 15. Juli 1990 in Moskau über die Bündniszugehörigkeit eines vereinigten Deutschland verhandelte, beeindruckte er Gorbatschow, indem er sich auf Bismarck berief: »Wenn ein Führer seines Volkes den Mantel Gottes rauschen hört, so muß er zufassen und einen Zipfel packen.« Kohl fügte hinzu, auf die erste Hälfte der neunziger Jahre treffe dieses Wort ganz besonders zu. Er hatte freilich schon bei früheren Gelegenheiten versucht, sich an die himmlischen Rockschöße zu hängen. In der vermeintlich windstillen alten Bundesrepublik wisperte mitnichten nur leises Gesäusel bisweilen im Gezweig. Kohl war wetterfühlig und hörte früh das ferne Donnergrollen welthistorischer Gewitter. Auf dem Bundesparteitag der CDU in seiner Heimatstadt Ludwigshafen im Oktober 1978 wich er von der schriftlichen Fassung seiner Rede ab, als er auf die Entwicklungshilfe zu sprechen kam. Er hörte ein Rauschen und griff zu: Bei diesem Thema »weht der Mantel der Geschichte durch Raum und Zeit«. Obwohl man sich schwer einen Mantel vorstellen konnte, der dem unaufhörlich in die Breite gehenden Kanzler zu weit war, mochte man nicht glauben, daß ihm Bismarcks Erbstück paßte. Wenn er sich in wallende Worte hüllte, schien er nur die Blöße seiner Ratlosigkeit zu bedecken. Wie viele hungernde und frierende Biafra-Kinder fanden unter dem Mantel der Geschichte Obdach?

Aber die rhetorische Kleiderprobe war nicht vergebens. Wo seine Rivalen sich 1989 schwertaten, den legeren Habitus eines zeitvergessenen Jahrzehnts abzulegen, da konnte Kohl, als die Nostalgiemode auf die Politik übergriff, in einen Schrank voller Stresemänner und Homburghüte greifen. Die steife Art, in der er über Historisches zu dozieren pflegte, entsprach nun der Würde der geschichtlichen Stunde. Vorher hatte man seine Streifzüge durch Raum und Zeit ungefähr so ernst genommen wie die Aufmarschpläne eines Verrückten, der im Irrenhaus die Schlachten Bonapartes nachstellt. Plötzlich verhandelte der gleiche Mann mit dem Kremlherrn über die Aufteilung Europas wie Napoleon mit Zar Alexander in Tilsit. Eben noch des Größenwahns verdächtigt, schien Kohl sich nun klein zu machen, wenn er seinen Beitrag zur Erledigung der Tagesordnung der Weltgeschichte zu leisten versprach. Die ins Beschauliche verliebten Bürger der kleinen Bundesrepublik hatte Kohl von Zeit zu Zeit aufzurütteln versucht, indem er ihnen große Taten vor Augen stellte. Als das Geschehen sich dann überschlug, hatte die Rede von der Geschichte eher besänftigende Motive; aus dem Gewimmel der Ereignisse sollten wieder übersichtliche Verhältnisse werden.

Wenn er nun Eisenbahnmetaphern aufs Gleis setzte, wollte er nicht mehr Provinzlern imponieren, deren Väter noch ans Fenster getreten waren, wenn die Dampflokomotive durch das Tal fuhr. Wer den Intercity bestieg, den Kohl von Bonn nach Berlin schickte, sollte die Bequemlichkeit eines Großraumwagens erwarten dürfen, in dem er mit seinem Nachbarn kein

Gespräch anfangen mußte. Am 19. Juni 1990, zwei Wochen vor der deutsch-deutschen Währungsunion, lud Kohl zum Einsteigen ein. »Der Zug der deutschen Einheit fährt jetzt langsam durch den Bahnhof der Geschichte.« Nicht mehr die plötzliche Beschleunigung des Geschehens aus Burckhardts Krisentheorie verbürgte die einmalige Chance, sondern die Drosselung des Tempos auf ein menschliches Maß: Man konnte aufspringen, ohne sich zu verletzen. Als neun Monate vorher die Züge mit den Flüchtlingen aus Prag durch die Bahnhöfe der DDR gefahren waren, hatten sie nicht abgebremst, damit niemand zusteigen konnte. Damals war noch ungewiß, ob die Freiheit in der DDR nicht nur auf Durchreise war. Die Atempause im Sommer 1990, als ein Volk von Lokspähern die Erfolge der Reisediplomatie bestaunte, war nur kurz. Kohl drängte zur Abfahrt. »Der Zug zur deutschen Einheit steht nicht mehr lange auf dem Bahnsteig.« Er kam schneller ans Ziel, als sogar das Zugpersonal sich hätte träumen lassen.

Die Rekordleistung des Hochgeschwindigkeitszuges stimulierte in den folgenden Jahren die europäische Streckenplanung. Je öfter durchgesagt wurde, der Zug mit Kurs auf das vereinte Europa lasse sich nicht mehr aufhalten, desto mehr verdichtete sich der Eindruck, den Betreibern komme es nur auf die Einhaltung des Fahrplans an. Kannten Sie überhaupt den Zielbahnhof? Gab es genügend Passagiere? Nie ist Kohl der Erfüllung des väterlichen Traums von der Beamtenkarriere so nahe gekommen wie als Stationsvorsteher im Dienst der vereinigten europäischen Staatsbahnen. Er hatte freilich anderes im Kopf als seine Pensionsberechtigung, denn er faßte seine Pflicht romantisch auf. Seine Vorstellung vom heldenmütigen Stationsvorstand stammte aus dem Lesebuch. Er durfte die Verhinderung von Karambolagen nicht dem Computer überlassen; Züge konnten auch entgleisen, wenn etwa ein britischer Posträuber einen Stein auf die Schienen rollte.

Wenn Kohl sich für die Sicherheit der von ihm überwachten Strecken verbürgte, schwang ganz leise immer die Erleichterung darüber mit, daß es zu keinem Unglück gekommen war. Mancherorts wurde als Panikmache verurteilt, daß Kohl vor einer Wiederkehr des Krieges im Fall des Scheiterns der europäischen Währungsunion warnte. Wie vertrug sich dieses apokalyptische Szenario mit seinem unverwüstlichen Optimismus? Kohl glaubte zwar, in der besten aller möglichen Welten zu leben, sah die Theodizee aber als Aufgabe des Menschen an: Das Beste war, das Schlimmste zu verhüten. In einem Interview wurde Kohl 1994 gebeten, den Satz seines Finanzministers zu interpretieren, die Bundesrepublik gehöre endlich zu den Gewinnern der Geschichte. Den unausgesprochenen Vorwurf, solche Bilanzen seien unmoralisch, wies Kohl zurück. »Ich muß Ihnen schon sagen, ich kenne überhaupt kein Land, das auf ähnliche Weise von sich sagen kann, daß es endlich auf der Sonnenseite der Geschichte lebt.« Erst zu fortgeschrittener Stunde hatte sich die Sonne entschlossen, auch einmal über die Siedlungsgebiete der Deutschen zu streichen. Diese Gnade des späten Lichtstrahls wurde deshalb so intensiv empfunden, weil das Land so lange im Schatten gelegen hatte. So klang in Kohls Beschwörung der Normalität auch die Idee ihrer Unwahrscheinlichkeit im Sinne von Luhmann mit. Die Systemtheorie beschreibt eine Welt der perfekten Kontingenz, in der Stabilität ein Wunder ist. Für Kohl hieß das einfach: Wie leicht hätte alles anders kommen können.

Zwei Fertigkeiten machten Kohls politische Kunst aus: der Umgang mit Menschen und das Zeitmanagement. Daß Kohl auf dem Weg zur Einheit manche Weiche stellte, ohne einen Konsens über die Richtungsänderung zu suchen, rechtfertigte er mit dem Moment, den es zu ergreifen galt: »Wenn ich alle, die hätten gefragt werden wollen, gefragt hätte und alle Bedenkenträger, vor allem auch im Westen Deutschlands, gefragt hätte, dann wäre die deutsche Einheit nicht zustande gekommen, dessen bin ich sicher.« Vor dem Horizont der Geschichte ist die Politik die Kunst, den richtigen Zeitpunkt zu wählen. Wenn alles den Ort verändert, wird derjenige seinen Platz behaupten, der mit der Vergänglichkeit rechnet und Herr seiner Zeit bleibt. Er kann sich desto mehr Zeit lassen, je weniger er sich an die Dinge bindet. Wer etwas bewahren oder etwas erreichen will, bleibt irgendwann hinter der Zeit zurück oder eilt ihr so weit voraus, daß sie ihn niemals einholt. Kohl war auf alle Eventualitäten und daher auch auf das unerhörte Ereignis von 1989 vorbereitet, weil in der Politik, die er praktizierte, die Sachdimension kein Gewicht hatte.

Natürlich kam auch er nicht ohne Ziele und Werte aus. Die Formulierung von Programmen verbrauchte Zeit und band Energie; Kohl ließ seine Parteifreunde um weise Worte streiten, damit sie nicht auf dumme Gedanken kamen. Die Proklamation von Überzeugungen sparte Zeit und setzte Energie frei; die Illusion der theoretischen Standfestigkeit gab Kohl praktischen Spielraum. Als er die Gebietsreform zur einmaligen historischen Chance erklärt hatte, hatte er nicht übertrieben. Das Vertrauen auf den Staat mußte mit der Begierde nach Veränderung und der Liebe zur Geometrie zusammentreffen, damit die Bürger sich für Rathausneubauten auf der grünen Wiese begeistern konnten. So schnell kam diese Harmonie nicht wieder. In Kohls Begriff der Geschichte, der übermächtigen Bewegung, die sich momentweise lenken, doch nicht dauerhaft steuern ließ, war die Erfahrung der demokratischen Willensbildung eingegangen. Eine leidenschaftliche Rede konnte die Stimmung auf einer Versammlung zum Kippen bringen. Doch ließ sich die Menge nur von demjenigen Redner begeistern, der vorher geduldig um sie geworben hatte. Es konnte quälend lange dauern, bis sich eine Mehrheit zusammenfand. Hatte sie dann einmal die Oberhand gewonnen, setzte sie rasend schnell ihren Willen durch. So schöpfte Kohl aus den Quellen, die schon nach 1789 die Rede von der Geschichte über den Geschichten gespeist hatten: Hinter der Vorstellung vom unwiderstehlichen Geschichtsprozeß steckte die Ahnung von der Gewalt des souveränen Volkes, des Lindwurms, der sich unendlich langsam bewegt, doch alles zertrampelt.

Kohl, der seiner Partei alles verdankte, hatte eine lebhafte Vorstellung von der Trägheit der Masse: Er kannte die drückende Macht von Beschlußlagen, das Elefantengedächtnis der Veteranen. Eine herrschende Mehrheit ist ein massiver Block, zusammengehalten von Vorurteilen und Interessen. Nur in kurzen Hitzeperioden tritt sie in einen flüssigen Aggregatzustand ein. Kohl wirkte unbeweglich, wenn er auf diesen oder jenen Vorschlag antwortete, dies sei nicht die Stunde für diese oder jene Maßnahme. Demokraten, die einer endlosen Zukunft entgegensahen, befremdete es, daß das Zeitbudget für gute Zwecke beschränkt sein sollte. Aber Kohl wollte nicht in folgenlose Betriebsamkeit verfallen. Daß er eine geistig-moralische Wende ausrief, einen Einstellungswandel, der sich nicht messen ließ, war ein Kompromiß zwischen seinem Glauben an die Macht des Willens und seinem Wissen um die Beharrungskraft von Instinkt und Interesse.

In der Außenpolitik konnte er anwenden, was er in der Innenpolitik gelernt hatte. 1989 schlug die Stunde von Kohls Zeitökonomie. Er nutzte die doppelte Gunst der diplomatischen Konstellation und des psychologischen Ausnahmezustands. Für die äußere Seite des Einigungsprozesses galt: Die Einheit mußte kommen, solange die Sowjetunion so schwach war, daß sie mit der Freigabe der DDR eine Last abwarf, und sich doch noch für so stark hielt, daß sie den Gewichtsverlust verkraften konnte. Dem entsprach auf der inneren Seite: Die Einheit mußte kommen, solange der erste Gedanke im Westen die Solidarität mit dem Osten und das höchste Gefühl im Osten die Hoffnung auf den Westen war. Daher lehnte Kohl zu Genschers Überraschung das von Moskau vorgeschlagene Hinausschieben der Souveränitätsfrage ab. Und daher gab er den politischen Argumenten für eine rasche Währungsunion vor den ökonomischen Einwänden den Vorzug. Es kam darauf an, aus dem Fetzen vom Rock der Geschichte ein Hemd zu nähen, bevor das Hochgefühl der Zeitgenossenschaft wieder dem Egoismus der Staaten und Gruppen weichen würde. In der großen Politik der europäischen Kabinette bewährte sich auch Kohls Kunst der Seelenführung, die er in der kleinen Welt der Parteigremien studiert hatte. Er nahm in allen Nebendingen auf die Partner Rücksicht und stellte sie in der Hauptsache vor vollendete Tatsachen. Er packte sie bei ihrer Ehre und erinnerte sie an den Wortlaut gemeinsamer Beschlüsse. Er forderte sie auf, sich in seine Situation zu versetzen, und bat um Vertrauen in seine Person. Er gab ihnen das Gefühl, selbstlos zu handeln, und sicherte ihnen gleichwohl seine Dankbarkeit zu.

Wer den richtigen Moment für eine Entscheidung sucht, kann den Zeitablauf verzögern oder beschleunigen. Die vorgezogene Initiative wird die Ausnahme bleiben, will der Handelnde sich nicht selbst unter Zeitdruck setzen. Bei den Koalitionsverhandlungen im März 1987 setzte Kohl durch, daß die Regierung sich nicht an Termine für die Verwirklichung ihrer Vorhaben band. Normal ist das Warten, die negative Option, die alles offenläßt. Wer sich zurücknimmt, behält Zeit. Wenn er sich zunächst entscheidet, sich nicht zu entscheiden, kann er immer noch schnell reagieren, wenn die Lage sich ändert. Die Verzögerungstaktik, mit der Kohl als Oppositionsführer wie als Kanzler die Geduld seiner Kollegen auf die Probe stellte, brachte ihm den Ruf der Schwäche ein. Dabei war sie die Technik, mit der er dieser Schwäche Rechnung trug. Wenn er gar nichts mehr in der Hand hatte als die Macht über die Tagesordnung, konnte er eine Entscheidung immer noch hinausschieben, in Erwartung einer unerwarteten Änderung der Umstände oder einfach der Ermüdung seiner Gegenspieler. Auf die Frage, warum er keine schnelle Entscheidung für die doppelte Null-Lösung herbeigeführt habe, antwortete er: »Das geht nicht. In meiner Partei tanzen die Leute zunächst einmal auf dem Tisch, und ich lasse sie tanzen, bis sie erschöpft herunterfallen.«

Daß Kohl allen bürgerlichen Anstandsbegriffen zum Hohn die Affäre um die unehrenhafte Entlassung General Kießlings treiben ließ, trug ihm Verachtung unter den treuesten Anhängern seiner Partei ein. Der Meinung, Kohl lasse es an Führungskraft fehlen, schloß sich nur die »tageszeitung« nicht an. Sie entdeckte hinter Kohls Passivität eine Weltzufriedenheit, wie sie den Konservatismus Edmund Burkes prägte, das Vertrauen auf die Zeit. »Kohl, so heißt es, regiere nicht. In Wahrheit tut er nichts anderes, das ist sein praktizierter Lebensstil, politisch gewendet.« Er nahm es in Kauf, daß ihm Handlungsunfähigkeit vorgeworfen wurde, solange er sich dem Handlungszwang entziehen konnte. Seinen der Steuerhinterziehung und Bestechlichkeit verdächtigten Wirtschaftsminister hielt er auch dann noch im Amt, als die Staatsanwaltschaft Anklage erhoben hatte. Er fürchtete, daß im Fall einer Regierungsumbildung Franz Josef Strauß vor den Türen stand. Strauß hatte mittlerweile ein Alter erreicht, in dem jeder verlorene Tag doppelt zählte. Erst als die Eröffnung der Hauptverhandlung unmittelbar bevorstand, forderte Kohl Graf Lambsdorff öffentlich zum Rücktritt auf. Wenn Kohl die Öffentlichkeit monatelang hingehalten hatte, war er erst recht für eine Überraschung gut. Er bewies dann zum zweitenmal seine Herrschaft über die Zeit, wenn er beschleunigt zum Abschluß führte, was er mit Verzögerung begonnen hatte.

Wenn Kohl aus seinem Leben erzählte, wurde es zum Mythos. Das alltäglichste Detail wies voraus auf seine außerordentliche Karriere, Politik erschien als Lebenskunst, die er nie hatte lernen müssen. »Ich war in der Leichtathletik Langstreckenläufer«, wußte er 1977 mitzuteilen. »Und ein Schnellstarter.« Und man mußte ihm zugestehen, daß er auch für den Endspurt gewöhnlich noch genug Puste hatte. Johannes Gross, der eigentlich ein gutes Auge für die hinter Kohls Schwächen versteckten Stärken bewies, für die werbende Wirkung des Unpräzisen in unsicherer Zeit, tadelte in einem Leitartikel nach der verlorenen Bundestagswahl 1976 Kohls stotternden Führungsstil; das verzögerte Bekanntgeben von Entscheidungen nannte er ärgerlich. Indem Kohl sich aber die Entscheidung vorbehielt, wann er eine Entscheidung öffentlich machte, konnte er doppelt auf Zeit spielen. Einen früh gefaßten Entschluß mochte er lange geheimhalten, ein spät gereiftes Einverständnis plötzlich verkünden. Die strenge Haushaltsführung in der Nachrichtenwirtschaft diente ihm zur Disziplinierung der Gremien, vor allem der Bundestagsfraktion, die sich zum Wohlverhalten verdammt sah, wenn sie über die Planungen der Regierung unterrichtet werden wollte. Den Fraktionsvorsitzenden Dregger kränkte diese Rationierung der Informationen mit den Jahren so sehr, daß er von Zeit zu Zeit empört eine Verletzung der Würde der Abgeordneten beklagte. Indem Kohl seine Absichten für sich behielt, zwang er seine Gegner dazu, sich mit ihm zu beschäftigen. Er rückte seine Person gerade dadurch ins Zentrum des Geschehens, daß er sich in der Sache heraushielt.

Seit der Vollendung der deutschen Einheit und ihrer Ratifikation in der ersten gesamtdeutschen Bundestagswahl regte sich die Frage, ob für Kohl die Zeit des Abschieds gekommen sei. Kohl schien auch mit einer Antwort umzugehen. Wolfgang Schäuble, seit einem Attentat gelähmt, wurden immer wieder Vertrauensbeweise zuteil: Kohl zeigte aller Welt, daß er ihm alles zutraute. Doch die Spekulationen über seinen Wunschnachfolger, die solches Verhalten nährte, hatten wahrscheinlich den Effekt, seine Amtsdauer zu verlängern: Schäubles Rivalen mußten darauf bedacht sein, Kohl im Amt zu halten. Je länger und je lauter diskutiert wurde, wann und durch wen er ersetzt werden sollte, desto mehr wuchs der Verdacht, daß er gar nicht ersetzt werden konnte. Die CDU jedenfalls, die wie die britischen Tories im Ruf stand, sich ihrer Anführer kaltblütig zu entledigen, wenn das Glück sie verließ, brachte die Kraft zum Schnitt nicht auf. Vor den Wahlen von 1994 und 1998 wartete sie jeweils so lange auf das erlösende Wort, daß Kohl schon aus Gründen der Loyalität nicht mehr von Bord gehen konnte. Es fehlte die Zeit, die ein Nachfolger für den Beweis seiner Selbständigkeit gebraucht hätte; erst recht hätte die Aufmerksamkeit nicht mehr von der Person des Spitzenmanns auf die dem Wähler angeblich so wichtigen Sachthemen umgelenkt werden können. Es nutzte Kohl, selbst als seine Anziehungskraft in Zweifel gezogen wurde, daß seine Person die Sachen verdeckte. Im Frühjahr 1997 lenkte sein Schweigen in der Frage seiner Zukunftspläne vom Scheitern der vollmundig angekündigten Reformen im Renten- und Steuerwesen ab. Die Bekanntgabe seiner erneuten Kandidatur erfolgte dann nach bewährtem Muster nicht vor einem Parteigremium, sondern in einem mit niemandem abgesprochenen Fernsehinterview.

Ein halbes Jahr später ließ Kohl ein weiteres seiner Bömbchen platzen, als er nach dem Ende des Leipziger Parteitags wiederum vor einer Fernsehkamera seinen Wunsch offenbarte, daß Schäuble ihm einmal nachfolgen solle. Diesmal erntete der Schlagzeilenproduzent durchweg schlechte Kritiken. Ob von einer Panne die Rede sein kann, ist gleichwohl fraglich; der Begriff geht an der Natur der Kohlschen Nachrichtenpolitik vorbei, da er unterstellt, daß ihm an einem geordneten Vorgehen gelegen war. Kohl ließ die Verbindlichkeit seiner Verlautbarungen stets in der Schwebe, entzog sich der Festlegung noch im Moment, da er sie aussprach. Der große Kunktator hatte den Ehrgeiz, die Welt eine Ewigkeit lang hinzuhalten. Kohls Entschlüssen eignete für alle, die ihnen ausgeliefert waren, die Unvorhersehbarkeit der Geschichte.

In den Tagen vor der Bundestagswahl 1994 gab Kohl eine Reihe von orakelhaften Erklärungen über seine Absichten mit Blick auf das Jahr 1998 zu Protokoll. Wenn er von sich selber sprach, brachte er oft Sätze hervor, von denen galt, was avancierte Literaturtheoretiker seiner Epoche von allen Aussagen behaupteten: Es war unentscheidbar, ob sie das meinten, was sie zu sagen schienen, oder das genaue Gegenteil. So auch diesmal: Wollte er noch einmal als Kanzler kandidieren, nur als Abgeordneter oder gar nicht? Die Interpretation des entscheidenden Satzes vor der Bundespressekonferenz hing an einem Wörtchen, das der Kanzler verschluckt zu haben schien. Auch die Auswertung der Fernsehaufzeichnung brachte keine Klarheit.

In Fällen, in denen Kohl nicht nur über sich selbst verfügte, hatte er nicht alle Zeit der Welt. Genscher nötigte ihn im März 1990 zur Anerkennung der polnischen Westgrenze. Es war nicht nur die Rücksicht auf die Vertriebenen, die Kohl zu einem Zaudern verleitet hatte, das im Ausland ernste Befürchtungen weckte. Es entsprach einfach seiner Denkweise, alles offenzulassen, was offengelassen werden konnte. Seinem Gefühl nach war es richtig, eine juristische Fixierung zu vermeiden, auch wenn man den rechtlichen Freiraum politisch gar nicht nutzen wollte. In der Hauptstadtfrage, die von heute auf morgen hätte entschieden werden können, ließ sich der Kanzler besonders lange Zeit. Die Frage hatte die Form, die ihm zuwider war. Er mußte zwischen Bonn und Berlin wählen, ein Drittes gab es nicht. Tatsächlich versuchte er sogar, die Logik durch Logistik zu überlisten. Seinem einstigen Wahlkampforganisator Geißler, den niemand für seinen Strohmann halten konnte, gab er den Auftrag, eine Mehrheit für eine Teilung der Hauptstadtfunktionen zusammenzubringen. Als die Fraktion im April 1991 über Bonn oder Berlin debattierte, fehlte er. Nachdem er sich endlich öffentlich für die alte Reichshauptstadt erklärt hatte, unterließ er es zur Enttäuschung der Berlin-Anhänger, dieses Votum in den Wochen vor der Abstimmung zu bekräftigen. Noch nach dem Sieg Berlins nahm man es ihm in der eigenen Fraktion übel, daß er zu verstehen gegeben hatte, er äußere sich nur als Abgeordneter und nicht als Kanzler. In der Tat hörte es sich seltsam an, daß er sich auf einen Rollenunterschied berief, den er nie respektiert hatte. Er hatte immer nur im eigenen Namen gesprochen und hatte für das, was er verwirklicht sehen wollte, mit ganzer Kraft gekämpft. Als Kohl in letzter Minute versuchte, die Abstimmung über die Hauptstadt zu verschieben, trat ihm der SPD-Fraktionsvorsitzende Vogel in den Weg.

Kohl gab sich gerne den Anschein, er denke in so langen Zeiträumen, daß er auch den hartnäckigsten Widerstand der Dinge als vorübergehendes Phänomen beiseite schieben dürfe. Im Frühjahr 1982 mußte er damit rechnen, daß Rivalen die Stimmung verbreiteten, er habe zu lange auf den Absprung der FDP gewartet und den Regierungswechsel nicht energisch genug betrieben. Daher machte er geltend, die Union habe seit der Niederlage von 1980 noch keine Zeit verloren. »Was sind schon zwei Jahre im Leben eines Volkes?« Die Antwort hätte lauten müssen: Eine halbe Legislaturperiode. Zwanzig Jahre umfassen sogar fünf Wahlperioden. Gleichwohl ließ Kohl 1994 wissen, es bedeute nichts, wenn die von ihm prophezeiten blühenden Landschaften im Osten noch zwei Jahrzehnte auf sich warten ließen. »Was ist das schon vor der Geschichte?« Wenn die Natur sich so lange Zeit lassen durfte, war die Frage erlaubt, warum Kohl überhaupt die Naherwartung paradiesischer Zustände geweckt hatte. Im Leben eines Volkes, das alle vier Jahre zur Wahl geht, zieht sich die Geschichte so sehr zusammen, daß Politiker ihm den Himmel auf Erden versprechen. Im Wahlkampf 1998 predigte Kohl denn auch nicht Langmut für weitere fünfzehn Jahre des Zugs durch die Wüste, sondern verkündete den Ostdeutschen, sie müßten nur die Augen aufschlagen, der Garten stehe schon in voller Blüte.

Wie hatte es ihm aber überhaupt einfallen können, die Bürger mit fernen Aussichten zu trösten? Zur Souveränität des Volkes gehört, daß es weder an die Vergangenheit noch an die Zukunft einen Gedanken verschwenden muß. Es braucht sich nicht in Geduld zu üben, denn es ist jetzt schon allmächtig. Kohl indes meinte, den Bürgern denselben Aufschub der Wunscherfüllung zumuten zu können, der sein eigenes Leben regierte. Wie Machiavellis Fürst, der sein Schicksal den Kräften des Zufalls anheimstellte, muß der demokratische Politiker sich mit Gleichmut wappnen: Eine kleine Enttäuschung naht immer, wo die Mehrheit herrscht, denn wankelmütig ist die Gunst des Volkes. Die Einheit von Anführer und Menge zerfällt, wo die Einstellung zur Zeit ins Spiel kommt. Das Volk fordert heute sein Brot und sein Recht, dem Politiker genügt es, wenn er morgen versorgt und gerechtfertigt wird.

Nicht nur in ihrem Zeitgefühl unterscheiden sie sich, sondern auch in ihrem Geschichtsbewußtsein. Geschehen und Historie, die Ereignisse und die Reflexion, werden nicht nur im Deutschen mit demselben Wort bezeichnet: Beide Seiten zusammen ergeben den Wendemantel der Geschichte. Die Gemeinschaft erlebt einen historischen Moment, wenn sie ihre Macht zu spüren bekommt: Dann ist Geschichte Gegenwart. Der

Staatsmann greift nach dem Geschichtsbuch in der Einsamkeit: Dann verspricht die Vergangenheit Zukunft. Wenn Kohl der berühmte Undank der Republiken zu treffen drohte, suchte er gelegentlich Zuflucht beim Gedanken an die Nachwelt. Freilich versprach der unvergängliche Ruhm für ihn nicht eigentlich einen Ersatz für den welkenden Lorbeer des Volkshelden. Eher hat er das Warten auf seinen verdienten Lohn im Geiste bis in die Ewigkeit verlängert, als wären die olympischen Götter das unbestechliche Wahlvolk.

Gerade weil er seinen Ehrgeiz so früh angemeldet hatte, konnte er sich immer gelassen geben. »Ich bin noch jung. Ich kann warten«, versicherte der Landesvorsitzende im Frühjahr 1966, als Altmeier sich für eine neue Amtszeit rüstete. »Meine Chance besteht darin«, erklärte der Ministerpräsident im Herbst 1970, als er sich anschickte, Barzel die Nachfolge Kiesingers streitig zu machen, »daß ich enorm viel Zeit habe: Ich bin vierzig Jahre alt.« Und vier Jahre später sah der Parteivorsitzende der Möglichkeit, die Kanzlerkandidatur könnte ihm entgehen, gefaßt ins Auge. »Ich bin auch mit vierundvierzig Jahren keiner, der morgens beim Aufstehen den Kalender aufschlägt und sich fragt: Was werde ich heute? Ich gucke nicht fasziniert auf die Uhr und sage: Die Zeit läuft mir davon, und wieder bin ich nichts geworden.« Daß Kohl stets sein Alter zu Protokoll gab, wenn er bestritt, daß er seine Zukunft geplant hatte, durfte allerdings Zweifel an diesem Dementi wecken. »Ich bin neununddreißig Jahre alt«, hatte er 1969 festgestellt, »ich habe mir keinen Zeitplan gemacht und möchte mir auch keinen aufreden lassen.« Es wäre ja auch wenig vernünftig gewesen, im Kalender die Tage rot anzustreichen, an denen er die nächsten Stufen der Ämterpyramide zu besteigen gedachte.

Wann ein Platz auf dem Weg zur Spitze frei wurde, wann es den Versuch wert schien, einen Konkurrenten wegzustoßen, lag nicht in seiner Hand. Die Zeit aber, die zu seiner Verfügung stand, teilte er mit äußerster Genauigkeit ein, als wäre er ein Puritaner und müßte in jeder Sekunde für sein Seelenheil arbeiten.

Daß Kohl für Pünktlichkeit bekannt war und nie Nervosität zeigte, weil er jede Stunde vorausgeplant hatte, wußte der »Rheinische Merkur« schon 1963 zu berichten. Sein einziges Steuerunginstrument war das sogenannte schwarze Buch, ein schwarzlederner Terminkalender mit Dünndruckpapier, den er Jahr für Jahr aus Ludwigshafen von der Firma BASF erhielt, bei der er einst als Werkstudent Steine geschliffen hatte. Graf Lambsdorff hat geschildert, wie Kohl damit arbeitete. »Am Ende einer Sitzung geht es um neue Termine. Dann zückt er einen winzigen Taschenkalender, in den er sie mit einem Bleistiftstummel oder dicken Filzstift einträgt. Mir war und ist es ein Rätsel, wie man so den Fahrplan eines Regierungschefs festhalten kann. Aber es funktioniert.« Warum es funktionierte, erklärt Klaus Dreher: Kohl zog »die Zeitachse nicht von der Gegenwart in die Zukunft«, sondern setzte den angestrebten Endpunkt fest und ging von dort »so lange rückwärts, bis er wieder am Ausgangspunkt angelangt« war. So bestimmte er bei der Einleitung eines Gesetzgebungsverfahrens das Datum der Verkündung im Bundesgesetzblatt und errechnete im Krebsgang alle weiteren Schritte, bis am Ende der Tag der Verabschiedung im Kabinett herauskam. Wer in der Arbeit des Kanzleramtes die ordnende Hand vermißte, sah sie nur deshalb nicht, weil er vergeblich nach inhaltlichen Gesichtspunkten Ausschau hielt und die geheime Terminplanung unsichtbar blieb. Kohl konnte nur gewinnen, wenn man glaubte, ihm fehle der Überblick; und er gewann vor allem Zeit.

Freie Zeit ließ die perfekte Planung nicht übrig. »Ich schaue natürlich Fernsehen«, erzählte Kohl 1983 auf der Funkausstellung, »und ich lege auch sozusagen Terminpläne, wenn ich sie beeinflussen kann, bei einer interessanten Sendung. Ich studiere richtig das Fernsehprogramm, und wenn ich etwas Besonderes finde, dann manipuliere ich schon den Terminplan, daß ich es gucken kann.« Der große Manipulator mußte zuletzt das eigene System überlisten. Die vollkommene Zeiteinteilung ließ eine Trennung von privater und öffentlicher Existenz nicht zu. Nie durfte Kohl zum Augenblick »Verweile doch« sagen. Der Lohn des Teufelspakts: Indem er alle Sachzwecke fahrenließ und allein die Zeit zu beherrschen unternahm, machte Kohl Geschichte.

Mit Blick auf Kohls ständige Übung, ferne Ereignisse frühzeitig festzulegen, möchte man die Nachricht nicht von vornherein für unglaubwürdig halten, er habe schon seiner Tanzstundendame anvertraut, daß er einmal Bundeskanzler werde. Zwar gehören nachträglich erfundene Ahnungen und Vorzeichen zu den Versatzstücken der Heldenlegende. Und widerspricht es nicht den Gesetzen der Wahrscheinlichkeit, wenn derjenige, der seiner Angebeteten einflüstert, sie könne die erste Dame im Land werden, sie später auch wirklich über die Schwelle des Kanzleramts führt? Aber wir wissen nicht, wieviele Walzerkönige beim Tanztee im Dorfgasthof vom großen Auftritt auf dem diplomatischen Parkett geträumt haben. Annähernd schätzen kann man noch, wie viele Fraktionsvorsitzende in Kohls Epoche Ministerpräsidenten werden wollten, wie viele Landesvorsitzende Bundesvorsitzender und wie viele

Kanzlerkandidaten Kanzler. Schlägt man aber dem Reservoir, aus dem das Schicksal ihn zog, auch alle Bezirksvorstandsmitglieder und Landtagsabgeordneten zu, die sich für Aufgaben in Land und Bund berufen glaubten, wächst die Zahl derer, die Kohls Stelle hätten einnehmen können, ins unermeßliche. Blickt der erste Mann auf seinen Aufstieg zurück, erscheint ihm jeder Schritt folgerichtig und sein Weg vorherbestimmt. Geht man rückwärts und sieht man die Sache wieder von unten an, scheint er es einer abenteuerlichen Verkettung von Zufällen zu verdanken, daß er und niemand anderer so weit gekommen ist.

Die Demokratie rekrutiert ihr Führungspersonal durch natürliche Auslese. Die Evolution produziert laufend Ausschuß: Sie probiert kontingente Möglichkeiten durch, um eine weiterführende Variation zu ermitteln. Ein gütiger Schöpfer hätte die Welt nicht so eingerichtet, daß unzählige Tiere sterben müssen, um wenige lebenstüchtige Arten an den Tag zu bringen. Der Darwinismus sprengte die Heilsökonomie, die die Metaphysik des alteuropäischen Konservatismus gewesen war. Vor Darwin hatte man dem Leiden in der Schöpfung einen Zweck zuschreiben und so auch die soziale Ungleichheit rechtfertigen können. Heute behauptet man nicht mehr so schnell, auf der Welt geschehe nichts vergebens. Auch die Demokratie ist ein Verdrängungswettbewerb, in dem um knappe Ressourcen gekämpft wird. Es besteht ein groteskes Mißverhältnis zwischen der Nachfrage der Bewerber und dem Angebot an Stellen. Kohl mußte nicht allein, wenn man in seiner Hälfte des politischen Spektrums bleibt, Strauß, Stoltenberg, Albrecht, Carstens und Barzel aus dem Feld schlagen. Die Zeitung »Christ und Welt« nannte 1969 als mögliche Rivalen auch Bruno Heck, Hans Filbinger und Heinrich Köppler.

»Möge der Bessere gewinnen!« ist das Motto des demokratischen Wettkampfs, und jeder Teilnehmer hat das Recht zu rufen: »Also ich!« Da es keine objektiven Qualifikationen für die Wahlämter gibt, darf und muß jeder Aspirant im eigenen Urteil erste Wahl sein. Der Erfolg rechtfertigt sich selbst. Der Wahlsieger bedarf weder des geistlichen Segens noch der rechtlichen Legitimation, kann aber auch nicht für sich in Anspruch nehmen, er sei schöner oder klüger als die Verlierer. Ständische Gesellschaften dagegen beschränkten die Konkurrenz. Hier rechtfertigte Erfolglosigkeit sich selbst. Wer in der Demokratie unterliegt, kann sich nicht darauf herausreden, er trage den falschen Namen. Und wer triumphiert, muß sich von niemandem sagen lassen, schon seine Wiege habe eben das richtige Wappen geziert. Wenn alles Sozialprestige vom Machtgewinn abhängt, stellt sich in der Gesellschaft der Naturzustand wieder her, der Kampf aller gegen alle.

Laut Elias Canetti ist der Augenblick der Macht der Augenblick des Überlebens. Der Tote liegt am Boden, der Überlebende steht: So eindeutig werden Ohnmacht und Macht nie wieder geschieden. »Alle Absichten des Menschen auf Unsterblichkeit enthalten etwas von der Sucht, zu überleben. Man will nicht nur immer da sein, man will da sein, wenn andere nicht mehr da sind.« Als Kohl 1949 als Ordner bei einer Wahlkampfveranstaltung in Ludwigshafen eingesetzt wurde, sah er Konrad Adenauer zum erstenmal: Der künftige Kanzler erschien ihm »groß, aber viel zu alt«. So gab es in Kohls Vorstellungswelt von Anfang an eine eigentümliche Verbindung zwischen Größe und Lebenskraft des Staatsmanns. Daß Adenauer in einem Alter, in dem normale Menschen diesseitige Ambitionen hinter sich gelassen hatten, eine neue politische Laufbahn begann, war staunenswert als Beweis abnormer physischer Stärke. Aber es bedeutete zugleich, daß er Jüngeren den Platz wegnahm, der ihnen von Natur aus zukam. Der Mann, der historische Größe verkörperte, hielt paradoxerweise die Geschichte an.

In Kohls eigener Person fielen Körpergröße und Jugendkraft zusammen. Sein Machtgefühl zehrte vom Durchhaltevermögen des physisch Überlegenen: Er ging immer als letzter vom Platz. Vor dem Untersuchungsausschuß in der Flick-Affäre mußte sich Kohl 1984 den Angriffen von Otto Schily stellen, der ihn mit endlosen Nachfragen und Wiederholungen zermürben wollte. Schließlich versuchte Kohl das psychische Duell zu entscheiden, indem er seine körperliche Ausdauer ins Spiel brachte. Als Schily eine Erholungspause beantragte, verweigerte der Zeuge die Zustimmung. »Das ist keine Befragung, die eine Erholung notwendig macht.« Aber ich kann länger als Sie: Die Physis triumphiert über alle bürgerlichen Tugenden. Die Probe auf die körperliche Belastbarkeit als archaisches Ritual der Rangverteilung unter Männern begegnet auch im Wetttrinken mit den Sozis im Keller der Mainzer Staatskanzlei. Die Konkurrenz der Parteien sah Kohl ebenfalls als einen darwinistischen Kampf ums Überleben an. Gleich zweimal sagte er gegenüber dem »Spiegel« 1968 voraus, die CDU werde »aussterben«, wenn sie nicht den Weg der Modernisierung gehe. Auf dem Bonner Parteitag im Juni 1973 erklärte der neue Vorsitzende, die Partei lasse sich in Sachen Reform und Fortschritt »von niemandem übertreffen«. So laut wehrte Kohl die Vorstellung ab, die CDU könne hinter ihren Gegner zurückfallen, daß Friedrich Karl Fromme herauszuhören meinte, wie ernst diese Furcht war: Tief saß die Wunde der Wahl von 1972, als die SPD die Union zum erstenmal übertroffen hatte – an Stimmen.

Wer der Erste wurde, bewies, daß in ihm die meiste Überlebenskraft steckte. Den rheinland-pfälzischen Streit über den Ausbau von Dorfstraßen zu Europastraßen erlebte Kohl als Kampf zwischen Vergangenheit und Zukunft. »Viele unserer Politiker«, stellte er im Juli 1968 fest, »haben sich in den vergangenen unruhigen Monaten selbst überlebt.« Sie waren lebende Tote, die noch am Kampf teilnahmen, aber keine Kraft mehr hatten, die Dinge nicht mehr bewegen, sondern nur noch blockieren konnten. Politisch überlebte Kohl nicht nur alle, die gleichzeitig mit ihm gestartet waren, sondern auch viele, die ihre Karriere später begonnen hatten, oft sogar von ihm ermutigt worden waren. Dem Überlebenden können die Umstände seines Sieges gleichgültig sein. Ihm genügt das nackte Faktum, daß er noch da ist. Im Juli 1982 wurde Kohl gefragt, wie er die Krise der Jahre 1978 bis 1980 überstanden habe. »Das ist alles Schnee von gestern. Was zählt: Ich bin nicht umgebracht worden.« Als er im Herbst 1996 Adenauers Amtsrekord brach, richteten die Medien ihm wochenlange Festspiele aus: Die Bewunderung für die rein quantitative Höchstleistung verschluckte fast alle Kritik.

Als Geheimnis seiner Macht bezeichnete Kohl selbst seine Witterung für Feinde: Betrete er einen Raum, wisse er sofort, ob ihm Gefahr drohe. Sah er um sich herum nur Leere, hatte er keine Angst. Wenn er über die Putschisten spottete, denen es an Mumm gebrach, lokalisierte er sie immer irgendwo »hinter den Büschen«. Lebhafter könnte die Schulhofszene nicht sein: Ins Gebüsch schlägt sich, wer keine Prügel beziehen will. Es paßt ins Bild, daß Kohl Biedenkopf besonders häufig hinter den Büschen suchte: den kleinen Professor, das Urbild des Strebers. »Kohls Machtbewußtsein«, notierte Friedrich Zimmermann, der bisweilen fürchten mußte, zwischen Kohl und Strauß zerquetscht zu werden, »hat etwas beinahe Physisches an sich; er setzt, wenn er jemandem gegenübersteht, ganz ungeniert die Wucht seines großen massigen Körpers ein, verbunden mit einer Seele, die wie eine Dampfwalze über Widersprüche hinweggehen kann.«

Als Kohl sich in Mainz 1991 auf einen Eierwerfer stürzte, verzieh, ja gönnte ihm das Publikum den Zornesrausch. Ein Leitartikler der »Süddeutschen Zeitung« deutete Kohls Verlust der Selbstbeherrschung freilich als verfassungspolitisch bedeutsames Zeichen. Nach Jürgen Busches Ansicht war Kohl nicht aus dem Rahmen seines normalen Verhaltens gefallen, sondern hatte dessen Geheimnis enthüllt: Kohl war es gewohnt, körperliche Kraft einzusetzen, und rechnete damit, daß sein Gegenüber es nicht tat. 1969 hatte Kohl sich selbst als Zweimetermann charakterisiert, der keine Scheu habe, auf Demonstranten loszugehen. In diesen frühen Jahren sprach er von seinem Machtsinn ungeniert wie von einer biologischen Ausstattung. Gegenüber dem »Bayernkurier« lobte er 1967 die eigene Generation von Unionspolitikern für ihr »völlig ungebrochenes Verhältnis zur Macht«. Da sie keine Schuld am Nationalsozialismus trügen, könnten sie »sozusagen ursprünglich und natürlich reagieren«. Er selber brüstete sich, den Gleichaltrigen noch ein Stück »Natürlichkeit« vorauszuhaben. Zur Politik gehöre etwas, das er »politischen Eros« nennen wolle. »Und ich muß allerdings sagen, bei einer Reihe meiner Jahrgangskollegen habe ich den Eindruck, daß sie hier nicht ganz ausreichend dotiert sind.«

Das Lebensalter seiner Rivalen bezog Kohl immer in seine Rechnungen ein. 1969 mußte er die Nachricht dementieren, er unterhalte zu den älteren Parteifreunden generell ein besseres Verhältnis als zu seinen Altersgenossen. Beim greisen Adenauer kam er um die Salbung ein. Wenn er sich später als Enkel des Alten feiern ließ, als herrschte in Bonn ein Adoptivkanzlertum, dann zeigte er mitnichten an, daß er die Uhr zurückdrehen wollte. Im Gegenteil übte er das natürliche Recht der Nachgeborenen aus, die Großväter abzulösen. Ihm war die Vorstellung zuwider, als Sohn ohne Kampf das väterliche Erbe anzutreten. Er hatte den Usurpator gespielt, um nicht Altmeiers »Kronprinz« genannt zu werden; »wenig angemessen« für die Demokratie erschien ihm »diese schreckliche Bezeichnung, die aus der Monarchie kommt«. Den Ehrennamen des Enkels hatte er sich erkämpft. Die beiden Techniken Kohls im Umgang mit der Zeit, das Zuwarten und das Zugreifen, ergaben sich wie von selbst aus seinem Gefühl der Kraft. Der Starke kann ruhig bleiben, denn seine Stunde kommt bestimmt. Aber wenn er provoziert wird, zeigt er sofort, was er kann. In den Wochen vor der Wende von 1982 markierte er Gelassenheit, tat so, als könne er dem harten Naturgesetz blind vertrauen. »Wer verbraucht ist, geht. Und wer die Kraft hat, kommt.«

Als wesentliche Eigenschaft Kohls, die noch nie beschrieben worden sei, bezeichnete Hanns Schreiner 1994 die Sentimentalität. Paul Pucher hatte diesen Wesenszug allerdings schon 1978 im »Münchner Merkur« benannt. Sentimental ist, wer Tränen über einen Vorgang vergießt, von dem er nicht ernsthaft wünschen kann, er hätte nicht geschehen mögen. Wer Geschichte als Naturgeschehen erlebt, als Wechsel von Werden und Vergehen, Überalterung und Verjüngung, darf über die Vergänglichkeit nicht klagen. Traurig stimmt ihn nur der Gedanke, daß auch er selbst einmal den Weg allen Fleisches gehen wird. Als Kohl 1966 zum Landesvorsitzenden gewählt wurde, gestand der Sechsunddreißigjährige den Jüngeren, daß er sie beneide, weil sie die Jahrtausendwende in voller Manneskraft erleben würden. Vor dem Präsidium nannte er im August 1989 Geißlers Alter als Grund dafür, daß er ihn nicht mehr zum Generalsekretär berufen wollte. Man nahm ihm diese Erklärung nicht ab, obwohl auch bei Ministerernennungen die Jugend eines Kandidaten für ihn immer eine Empfehlung war. Aber Geißler war nur einen einzigen Monat älter als Kohl. Hätte der Vorsitzende seinen Abschied vier Wochen nach dem Generalsekretär nehmen müssen? Die Begründung, die wie eine Ausrede klang, brachte an den Tag, worum es im Streit der beiden alten Weggefährten ging. Nur einer hatte noch die Kraft in sich, den anderen zu verdrängen; es war ein Kampf auf Leben und Tod. Bei der entscheidenden Unterredung im Kanzleramt am 21. August 1989 waren Kohls letzte Worte: »Heiner, einer von uns bleibt auf der Strecke.« Und einer blieb zurück.

Canetti betont, wie wichtig es ist, daß der Überlebende dem Toten allein gegenübertritt. »Er sieht sich allein, er fühlt sich allein, und wenn von der Macht die Rede ist, die dieser Augenblick ihm verleiht, so darf nie vergessen werden, daß sie sich aus seiner Einzigkeit und aus ihr allein herleitet.« Dem Journalisten Dierter Schröder erzählte Kohl eines Abends während einer Asienreise, wie sehr ihn das abenteuerliche Leben Rolf Mageners gefesselt hatte, der in seinen Ludwigshafener Jahren Finanzvorstand der BASF war. Magener war während des Krieges aus einem britischen Internierungslager in Indien ausgebrochen und hatte sich in die Freiheit durchgeschlagen. Sein unter dem Titel »Die Chance war Null« veröffentlichter Bericht war die Geschichte eines Überlebens gegen alle Wahrscheinlichkeit. Die Einsamkeit, die den Machthaber umgibt, hat er selbst gewollt. Ein Ritual, das die Einsamkeit aufhebt, ist das Mahl, zu dem der Machthaber seine Getreuen bittet. Er gibt ihnen von der Macht ab, indem er sich um ihr Überleben kümmert. Zumal wenn Fleisch auf den Tisch kommt, wird sichtbar, daß auch hier die Lebenden ihren Sieg über die Toten zelebrieren. Der erste Mann an der Tafel darf als erster essen. Früher aß er auch am meisten. Der dicke Bauch des Häuptlings garantierte, daß jedermann satt wurde. »Die Figur des meistessenden Königs«, bemerkt Canetti, »ist nie ganz ausgestorben. Immer wieder ist es vorgekommen, daß einer sie seinen entzückten Untertanen vorgespielt hat.« Namentlich englische Zeitungen führten Buch über Kohls Rekordleistungen bei Staatsbanketten; sie erkundigten sich sogar in seinem Hotel, wie oft er in der Nacht den Zimmerkellner bemühte. In den Ferien verschrieb er sich alljährlich Wasser, Tee und alte Brötchen. Ernährungswissenschaftler rieten ihm von dieser Diät ab. Doch auch Laien konnten erkennen, daß sie ungesund war, und das mag gerade ihr Sinn gewesen sein. Denn Kohl demonstrierte, daß sein Körper wirklich alles aushielt. Er war nicht schlaff und weich geworden, wie es die republikanische Luxuskritik vom Prasser auf dem Thron erwartete; seine Fettpolster hielten jeder Entbehrung stand. So war der Sinn der Fastenkuren ihr Scheitern: Kohl führte vor, daß er gar nicht anders konnte, als die Welt zu verschlingen.

Bisweilen stellte er seine Lust am Essen als harmlose Leidenschaft hin, die zu verbürgen schien, daß nicht alles in seinem Leben Politik war. »Wenn ich nachts aufstehe, dann denke ich nicht an Geschichte, dann plündere ich den Kühlschrank.« Aber schon die Vokabel aus der Welt der Vandalen verriet, daß die beiden Sphären sich so sauber nicht trennen ließen; wie dem Esser die Selbstbeschränkung fremd war, so zog es den Politiker immer ins Weite. Die Völkerwanderung, die einen endlosen Kampf um die Nahrung in Gang setzte, war für Kohl das Urereignis der europäischen Geschichte. Auch die Parteien waren zur Bewegung verdammt, weil sie ihre Substanz ständig aufzehrten. »Die FDP«, stellte Kohl 1969 fest, »hat vor zwei Jahren ein gigantisches Experiment eingeleitet, indem sie ihre alten Wählerwiesen zu verlassen und neue Weidegründe zu betreten begann. Nun ist es aber schon in der Frühgeschichte immer so gewesen, daß die vermeintlich neuen Weidegründe von anderen Heeren besetzt waren.« Im Bild von der Partei als Nomadenstamm, der mit Waffengewalt seinen Nahrungsraum erobert, klang das uralte Mißtrauen des friedliebenden Ackerbauern gegenüber dem kriegerischen Viehzüchter an; Kohl schien der Verdacht zu beschleichen, der Politiker produziere nichts und konsumiere nur. Im Wahlkampf 1976 warf er Schmidt vor, eine Strategie der verbrannten Erde zu verfolgen; man konnte die Politik so weit treiben, daß sie die Nahrung nicht nur verbrauchte, sondern zerstörte. Aber auch wenn Nahrungsmittel ihren Zweck erfüllen, verschwinden sie. Man kann die Speise vor dem Feind nur dadurch in Sicherheit bringen, daß man sie in den Magen befördert. Etwas greifen, in den Mund stecken, zerkauen, verschlucken – das ist das erste Machterlebnis des Kindes. Wer die Dinge durch Analyse beherrschen will, muß auf Distanz zu ihnen gehen; stärker und schneller ist, wer sie sich einverleibt. Dieser Unterschied im Zugriff auf die Welt trennte Kohl nach eigener Aussage von Biedenkopf. »Bevor der ›Wurst‹ gesagt hat, habe ich sie schon gegessen.«

Wer verschlang, was er zu fassen bekam, ohne einen Gedanken zwischen sich und die Nahrung treten zu lassen, wurde von der Furcht umgetrieben, er könne nicht satt werden. 1975 warf Kohl dem Bundeskanzler vor, er habe am dreißigsten Jahrestag der deutschen Kapitulation Amerikanern und Russen in einem Atemzug gedankt. Diese Kritik an Schmidts Geste der Versöhnung hatte man erwarten können. Rolf Zundel nannte indes das Argument völlig unerwartet, mit dem Kohl seinen Tadel begründete. »Behandelt man so seine Freunde, die uns vor dem Verhungern gerettet haben?« Kohl lag beim Gedenken an das Kriegsende nichts näher, als sich der amerikanischen Nahrungsmittellieferungen zu erinnern. Die letzten Kriegsmonate hatte er im Wehrertüchtigungslager von Berchtesgaden erlebt. Die Jungen sollten noch zu Flakhelfern ausgebildet werden. Am 3. April 1945, seinem fünfzehnten Geburtstag, wurden sie durch den Reichsjugendführer Arthur Axmann vereidigt. Rechts und links von Kohl fielen seine Kameraden reihenweise vor Hunger in Ohnmacht. Am 7. Mai, bevor die Amerikaner die Stadt einnahmen, machten sich Kohl und einige andere Jungen davon. Nach einem fünfwöchigen Fußmarsch erreichten sie Ludwigshafen. Jeden Tag hatten sie fürchten müssen, nichts zu essen zu finden. Überleben hieß, dem Hungertod zu entgehen. Seitdem bemaß sich die Lebenskraft eines politischen Systems für Kohl an der Fähigkeit, die Ernährung der Menschen zu sichern. Im Januar 1978 wurde einer Gruppe von Bundestagsabgeordneten der Union die Einreise nach Ostberlin verweigert. Im Rückblick zog sich für Kohl diese Erfahrung mit dem Regime der DDR in der Figur eines unterernährten Obersten der Nationalen Volksarmee zusammen.

Das Glück des unverdienten Überlebens bezeichnete Kohl mit der ursprünglich von Günter Gaus geprägten Formel von der »Gnade der späten Geburt«. Kohls Bruder Walter hatte sich, vom Vater gedrängt, zum Kriegsdienst gemeldet. Er fiel im Winter 1944. Die Familie versank in Verzweiflung. Helmut Kohl, fünf Jahre jünger als sein Bruder, mußte seitdem mit dem Schicksal leben, ein Überlebender zu sein. Der amerikanische Psychologe Frank Sulloway erkennt im Bruderkrieg das Grundmuster aller welthistorischen Kämpfe: Der jüngere Bruder muß einen Sinn für Machtverhältnisse ausbilden, wenn er dem älteren den ersten Platz streitig machen will, den die Natur und die Eltern ihm gegeben haben. Die soziale Evolution ist ein Verdrängungskampf, der in der Familie beginnt. Wenn der ältere Bruder plötzlich stirbt, suchen den jüngeren Schuldgefühle wegen des unverdienten Aufrückens an die erste Stelle heim, und der Verdacht der Sinnlosigkeit der Geschichte drängt sich auf. Es gibt Siege, über die man nie froh werden kann. Daß in der Familie Kohl die darwinsche Dynamik am Werk war, die Sulloway beschreibt, läßt sich aus dem Interview schließen, das Kohls Schwester Hildegard 1996 dem »Stern« gewährte. Einen »Nachkömmling, mit dem eigentlich niemand mehr gerechnet hatte«, nannte sie ihren acht Jahre jüngeren Bruder. Kohl war also von Anfang an ein Überlebender; er hatte gar nicht leben sollen. »Aber der Helmut hat sich durchgesetzt, mit aller Macht.« Als sein Vater 1975 hochbetagt verstorben war, rückte der Sohn auf den Platz des Familienoberhaupts. Seine ältere Schwester redete er seitdem wie früher ihr Vater als »Tochter« an.

Durch die Jahre von Kohls Kanzlerschaft zog sich ein bitterer Streit über das Gedenken für die Toten des Zweiten Weltkriegs. In diesen Debatten ließ er eine persönliche Beteiligung spüren, die von vornherein verhinderte, daß verbindliche Formen gefunden wurden. Kohl konnte nicht verstehen, daß man an den Uniformen der Gefallenen Anstoß nahm, die in Bitburg begraben lagen. Und wer die Neugestaltung der Neuen Wache mit dem Argument kritisierte, die trauernde Mutter von Käthe Kollwitz tauge als Erinnerungsbild privaten Schmerzes nicht zum öffentlichen Symbol, gebrauchte Kategorien, die Kohl fremd waren. Ihn hielt sein eigenes Drama in Bann, das er für das allgemeinmenschliche hielt: Er hatte überlebt, und Millionen waren gestorben.

In Mainz notiere man, daß der Ministerpräsident eine makabre Befriedigung aus seinen Auftritten als Grabredner zog. Dem Schriftsteller Walter Kempowski vertraute er 1976 an, in einer fremden Stadt gehe er, »wenn irgend möglich, auf den Friedhof«. Als Student in Heidelberg pilgerte er auf den Bergfriedhof, den er als »Bilderbuch« der deutschen Kulturgeschichte studierte. Bei einem Besuch in Weimar stand er einmal plötzlich vor den Gräbern Goethes und Schillers. Über das »Friedhofsgefühl« schreibt Canetti, es sei fromme Sitte, sich über die Natur dieser Stimmung zu täuschen. Der Ernst, den man fühlt und noch mehr zur Schau trägt, verdeckt die Genugtuung des Überlebenden, der unter Toten spazieren geht. »Es ist schwer, hier keine Überlegenheit zu fühlen; der naive Mensch, in dieser Situation, fühlt sie.«

Die Terroristen zwangen Kohl, der Möglichkeit des

eigenen plötzlichen Todes ins Auge zu sehen. Der Oppositionsführer gehörte 1977 dem Krisenstab an, der den Beschluß faßte, seinen Freund Hanns Martin Schleyer nicht freizukaufen. Eine Lage, in der Kohl immer mit einer Gefährdung der eigenen Person rechnete und gleichzeitig an Entscheidungen über Leben und Tod mitwirkte, muß seltsame Gefühle in ihm ausgelöst haben. Einer Bemerkung, die er 1982 fallenließ, kann man entnehmen, daß ihn neben Gedanken an das eigene Sterben auch Phantasien der Unverletzlichkeit überfielen. »Nach der Entführung von Hanns Martin Schleyer wollten viele Männer nicht mehr bei mir im Auto sitzen. Aus Angst vor Attentätern. Aber kein einziges Mal hat eine Frau gezögert, mit mir zu fahren.« War Kohl bewußt, welchem uralten Traum er sich hingab? Die Überlebenskraft des Helden als erotische Anziehung.

Durch das Gespräch mit Kempowski, das die »Zeit« ohne Autorisierung durch Kohl veröffentlichte, geistern Metaphern der Selbstverteidigung. Offenbar hatte Kohl gespürt, daß der Besucher, der soviel über sein Wissen wissen wollte, einen Anschlag auf ihn vorhatte. Ein Lieblingsgemälde konnte er Kempowski nicht nennen. »Muß ich mir überlegen, das kann ich nicht aus dem Handgelenk schießen.« Als der Inquisitor nach manchem Seitenweg auf die Kunst zurückkam, kam Kohl sich wieder überrumpelt vor und verschanzte sich hinter derselben schiefen Wendung. »Ich bin keiner, der aus der Hand rausschießt.« Selbstbewußte Menschen schütteln aus dem Handgelenk, was man von ihnen hören will. Nur wer Tücke fürchtet, wird eine Waffe in der hohlen Hand verstecken, wenn er Rede und Antwort steht. Für Kohl war jedes Zwiegespräch ein Kräftemessen. Auch die Großen der Geistesgeschichte stellte er sich als Gladiatoren vor, von denen jeder als letzter Überlebender in der Arena zu triumphieren hoffte. Kempowski wollte von ihm erfahren, ob ihm Goethe oder Schiller in der Schule wichtiger gewesen sei. »Wenn Sie mich so fragen – ganz vornean, alles andere totschlagend, das war Hölderlin.« Es verwundert nicht, daß das Protokoll des Gesprächs dem Verehrer des Tübinger Kraftathleten den Ruf einbrachte, er sei ein Barbar. Leichen pflasterten seinen Bildungsweg.

Für den Literaturwissenschaftler Karl Heinz Bohrer besiegelte Kohls Kanzlerschaft die Zerstörung der Ästhetik des Staates durch die geschichtsvergessene Bundesrepublik. In seiner 1984 publizierten Studie über die Unschuld an der Macht deutete er Kohls Selbstbehauptungswillen, der keine Formen respektierte, soziologisch: Die Kunst, auf Kosten von allem zu überleben, sei der erste Wert des Angestellten. Die Affäre Kießling bewies für Bohrer, daß die Bonner Politiker keinen Begriff mehr vom öffentlichen Amt hatten. Der Kanzler hatte an Verteidigungsminister Wörner mit der Begründung festgehalten, er habe persönlich in guter Absicht gehandelt. Verantwortung bedeutete dann kein symbolisches Eintreten für das Ganze mehr; es war nicht daran zu denken, daß ein Minister zurücktrat, um das Ansehen des Gemeinwesens zu retten. Aus dem Diener des Staates wurde der leitende Angestellte, der sich wie jeder andere Angestellte keine Distanz zu seiner Funktion leisten konnte; er mußte sich an seine Stelle klammern, da seine gesamte soziale Existenz an ihr hing.

Bürgerliche Kunstrichter, die den Niedergang der Repräsentation in der Ära Kohl beklagten, verkannten, daß hinter der Demontage des Staatskunstwerks eine

Absicht steckte. Man nahm Kohl als Tolpatsch wahr, der sich nicht merken konnte, auf welcher Seite er zu gehen hatte, wenn er mit einem Staatsgast die Ehrenkompanie abschritt. Aber schon als Fraktionsvorsitzender in Rheinland-Pfalz hatte er einen informellen Stil des Auftretens gepflegt, der sich von der preußischen Korrektheit Altmeiers abhob. Diese Lockerungsübungen kündigten große Taten an: Kohl wollte der staatlichen Repräsentanz ein »menschliches Gesicht« geben und dadurch den »Abbau des Obrigkeitsstaates« vorantreiben. Von 1969 an trug Rheinland-Pfalz sein Gesicht. Er verwunderte die Gäste auf seinen Empfängen, wenn er darauf bestand, nicht als »Herr Ministerpräsident«, sondern als »Herr Kohl« angeredet zu werden. Am Brauch, seine Mitarbeiter zu duzen, hielt er später in Bonn fest. Michael Jeismann hat in diesem scheinbaren Verzicht auf die Gestik der Macht eine Dialektik von Herr und Knecht entdeckt, die zum Vorteil des Herrn ausschlug: Die Formalitäten hatten auch den Untergebenen geschützt; die Leutseligkeit setzte eine Unterwerfung voraus, die nur auf Zeit aufgehoben wurde. An die Stelle des dienstlichen Verhältnisses trat die menschliche Beziehung.

Diese Personalisierung aller sachlichen Ordnungen war Kohls erklärtes Ziel. Im »Spiegel«-Gespräch von 1968 äußerte er sich befriedigt darüber, daß die junge Generation Abschied nehmen wollte »von einer Bratenrock-Atmosphäre im Bereich der Demokratie, von einer gespreizten Selbstdarstellung des Staates«. Ihm mißfiel an den hergebrachten Formen, daß »allzuoft die Staatsautorität nicht zunächst durch die eigene Autorität des Mannes dargestellt wird, der sie repräsentiert, sondern durch das Amt wahrgenommen wird«. Der Angriff der Achtundsechziger auf die Institutionen, auf die Titel und Talare, die es Amtsträgern ermöglichten, die Person hinter der Aufgabe zurücktreten zu lassen, fand also die ausdrückliche Billigung Kohls. Er wolle kraft persönlicher Leistung Autorität ausüben, legte er nach seiner Wahl zum Ministerpräsidenten der »Zeit« dar, habe es nicht nötig, Ansprüche aus seinem Amt abzuleiten. Indem Kohl ganz auf seine persönliche Autorität setzte, spielte er das machiavellistische Spiel des historischen Helden, der sich mit der Geschichte gegen die etablierten Mächte verbündet.

Der Dichter Durs Grünbein hat in Kohl die mythische Figur des Riesen Rübezahl wiedererkannt. Mit einer Kraft begabt, die keine Beschränkung ertrug, träumte er von der Rückkehr in den Naturzustand. Eisenträger knabberte er wie Keks; im stahlharten Gehäuse der Moderne mochte er sich nicht einrichten. Glück versprach ihm die Aufhebung aller Grenzen. Der Mythologe Grünbein sah scharf, der Soziologe dachte ungenau. Kohls »Machtgeheimnis« wollte Grünbein in der »Nähe zur karnevalistischen Welt« entdeckt haben. Dieser These widerspricht das Bild Kohls, das ein aufschlußreicher Artikel im »Kölner Stadt-Anzeiger« am 10. Februar 1983 zeichnete. Zum erstenmal hatte Kohl als Bundeskanzler das Bonner Prinzenpaar empfangen. Dabei erwies er sich nach dem Urteil des Kölner Berichterstatters keineswegs als souveräner Jeck. Mit den Unterschieden zwischen kölschem Karneval und Mainzer Fassenacht wird man schwerlich erklären können, daß Kohl nicht wohl in seiner Haut zu sein schien. Seine Bewegungen waren ruckartig, mühsam zwinkerte er gegen das Scheinwerferlicht an. Man mußte ihn nötigen, der Bonna das obligatorische Bützchen auf die Wange zu drücken. Seine verhaltene Wut über ein Lied mit dem Refrain »Ich bin der Boß, und

Strauß regiert« konnte er kaum verbergen. In seiner Ansprache an das Narrenvolk bekannte er sich zur »Fröhlichkeit im Herzen«, die man »bei aller Ernsthaftigkeit des Tuns nicht übersehen« dürfe. Kohl sah sich allerdings auch zu der Mahnung veranlaßt, die Zeiten seien zu ernst, um »einen draufzumachen«. Ferner hätte er der karnevalistischen Welt nicht stehen können: Der Narr stellt die Verhältnisse auf den Kopf; ihm können die Zeiten gar nicht ernst genug sein. Der rheinische Karneval zieht der Ekstase feste zeitliche Grenzen, die von Menschen gemacht sind und dennoch respektiert werden; er ist die Unterwelt eines katholischen Kosmos, in dem alles seinen Platz hat. Kohl dagegen unterwarf sich nur dem Zeitplan, den er selbst gemacht hatte. Als Welt der Formen und Rollen war der Karneval ihm völlig fremd.

Mit Entrüstung wurde aufgenommen, daß Kohl auf der Pressekonferenz, auf der er sich abschließend zum Fall Kießling äußerte, die Fröhlichkeit in seinem Herzen offenbarte: »Wir lieben das Leben, und wir lieben auch die Lebensfreude, und wir lassen sie uns trotz aller Probleme nicht vergällen.« Selbst wenn der Kanzler sich gezwungen gesehen hätte, das Rücktrittsgesuch seines Ministers anzunehmen, hätte niemand Grund zu der Annahme gehabt, er werde nun am Leben verzweifeln. Wie das Amtsethos gebietet, daß Gefühle die Ausübung der Pflichten nicht beeinflussen dürfen, so muß umgekehrt die Bürde der öffentlichen Verantwortung den Privatmann nicht bedrücken. Aber in Kohls Leben war alles eins; er setzte immer seine ganze Person ein und zog aus diesem Einsatz seine Autorität. Ihm ging alles nahe, weil er sich nichts vom Leibe halten konnte. Der SPD-Abgeordnete Wilfried Penner schilderte 1992 sein Benehmen im Bundestag: »Er ist immer noch einer, der Anteil nimmt an den Debatten, der zustimmend nickt, wenn seine Anhänger ihn besonders intensiv verteidigen; der auch heute noch Wirkung zeigt, wenn er getroffen ist.«

Penner erklärte aus der Unmöglichkeit der Selbstdistanz auch den Unwillen zur Repräsentation: »Er ist unfähig, sich hinter einer Mauer zu verschanzen und nach dem Vorbild seines kleinen Freundes Mitterrand den Staatsanspruch schlechthin zu verkörpern.« Kohl verkörperte nur seinen eigenen Machtanspruch und lud zur Identifikation gerade deshalb ein, weil seiner Erscheinung jede Schärfe abging, die den Gedanken hätte suggerieren können, daß der Staat aus eigenem Recht Forderungen an die Bürger stelle und nicht mit dem Volk zusammenfalle. Die französische Republik hält dem Bürger einen Spiegel vor, in dem er sein besseres Selbst erkennen soll; der Staat tritt der Gesellschaft gegenüber und erinnert sie an ihre Ideale. Das Recht, die soziale Wirklichkeit zu transzendieren, hat der deutsche Staat verloren. Mitterrands Inszenierungen verführten zu dem Glauben, es gebe einen klaren und deutlichen Begriff von Frankreich. Kohls Auftritte vertrieben die Vorstellung, die Geschichte könne mit Deutschland etwas Bestimmtes im Sinn haben. Seine Bundesrepublik war der Staat, der keine Geheimnisse mehr hatte. Die Begleiter des Ministerpräsidenten waren bestürzt, als Kohl beim Hemdenkauf in Mainz im offenen Schaufenster den Oberkörper frei machte. Aber daß er keine Hemmungen zeigte, bewies, daß er nichts zu verbergen hatte. Dieser Kaiser wußte, daß er nackt war; er wollte sich nicht mit der Robe der Tradition bedecken. Er setzte seine Person ungeschützt den Stürmen der Zeitläufte aus und trotzte der Eiseskälte der Politik. Der Mantel der Geschichte wärmte ihn nicht dauerhaft; denn er war nichts anderes als der Wind der Zeit, der sich nur weicher anfühlte, wenn er sich in einem glücklichen Moment um den Körper des Staatsmanns legte.

Über Galba findet sich bei Tacitus das böse Wort, nach allgemeiner Ansicht wäre er zur Herrschaft fähig gewesen, wenn er nur nicht geherrscht hätte: *omnium consensu capax imperii, nisi imperasset*. Bei Kohl liegen die Dinge genau andersherum. Ihm hätte niemand ein Talent zur Regierung zugetraut, wenn er nicht wirklich regiert hätte. Wo Galbas Unfähigkeit sich laut Tacitus enthüllte, sobald seine Tugenden sich in der Praxis bewähren mußten, da zeigten sich Kohls Fähigkeiten erst im Umfang mit den Dingen. Auf dem Höhepunkt seiner Laufbahn, zwischen dem Vollzug der Wiedervereinigung und der ersten gesamtdeutschen Wahl, erklärte Kohl mit stolzem Behagen, er sei mehr als dreißig Jahre lang gut damit ausgekommen, unterschätzt zu werden. Alkibiades wurde sein Ruhm zum Verderben; eine so hohe Meinung hatte man von seiner Kühnheit und Geisteskraft, daß, wenn etwas mißlang, sogleich der Verdacht laut wurde, er habe sich nicht angestrengt. Für Kohl war seine Ruhmlosigkeit ein Glück; er konnte seine Mitbürger nur positiv überraschen. Der Erste im Land wurde er, weil seine Widersacher sich nicht die Mühe machten, ihm den Weg zu verlegen. An ihnen bewährte sich die Lektion, die Plutarch dem Schicksal der Gegner Caesars abgewinnt. »Erst als seine Machtstellung unerschütterlich geworden war, erkannten sie – zu spät! –, daß man in keiner Sache den Anfang geringachten darf. Denn was man dauern läßt, ist bald groß geworden, gerade weil man es verachtet und deshalb nicht verhindert.« Die Techniken der Anpassung und Steuerung, die Kohls Stärke waren, werden erst wirksam, wenn die Zeit läuft; einer auf ewige Werte fixierten Moralphilosophie sind sie daher suspekt. Nur in der Geschichte war Kohl bei sich.

Man hat gelegentlich bezweifelt, ob Kohl wirklich so viele historische Bücher las, wie er es gern von sich behauptete, etwa wenn er erklärte, er sei »im Gegensatz zu dem, was öffentlich erzählt wird, eine ausgesprochene Leseratte«. Kohls Reden und Gespräche zeichneten sich nicht durch Reichtum an geschichtlichen Assoziationen und Bildern aus. Aber er hatte Jakob Burckhardts Lektion verstanden, daß die Historie nicht klug für ein andermal macht. Wenn alles immer in Bewegung ist, kann man aus der Geschichte nur lernen, wie man auf der Welle des Stroms der Zeit reitet. Der Historiker Eberhard Jäckel vermißte in Kohls Denken die »langfristige Perspektive«, doch Kohl durfte mit Cromwell glauben, daß derjenige am weitesten komme, der nicht wisse, wohin er gehe. Wer sich mit der Geschichte verbündet, führt eine Art allgemeines Leben. Nüchterner Opportunismus wird von ihm gefordert, die Schnapsideen eines Sonderlings kann er sich nicht leisten. Kohls Doktorvater war der Ranke-Forscher Walther Peter Fuchs. Ranke teilt in seiner Weltgeschichte von den größten Persönlichkeiten fast nichts Persönliches mit. Das Leben Konstantins oder Karls des Großen war vollständig mit dem historischen Prozeß verschmolzen; deshalb ließen sie sich aus der Geschichte nicht wegdenken und trugen den Ehrentitel des Großen zurecht. Ihre Leistung war die denkbar umfassende und unspezifische, die Welt aus der Vergangenheit in die Zukunft geführt zu haben. Diese Arbeit wollte Kohl schon 1971 auf sich nehmen. »Die CDU muß ihre Aufgabe darin sehen, Geschichte und Tradition sorgsam zu wägen und zu prüfen, was für die Zukunft vernünftig und tragfähig ist, um es zu erhalten. Sie muß aber ebenso offen sein, wenn es gilt, neue Wege in jenen Bereichen zu gehen, in denen die bisherigen Grundlagen nicht ausreichen.«

Selbst wenn Kohl von Persönlichem sprach, wurde er ganz allgemein. Bei den »Spruchweisheiten meiner Mutter«, die er zu zitieren liebte, handelte es sich um Lebensregeln, die er bisweilen auch dem Volk in den Mund legte. »Bei uns zu Hause in der Pfalz gibt es einen Spruch: Wer früh totgesagt wird, hat ein langes Leben.« In der Version der Mutter lautet diese Grundregel der Überlebenskunst: »Über dessen baldigen Tod man redet, der lebt sehr lange.« Mutter und Volk waren austauschbar, weil diese Sprüche gegen die Trennung von öffentlicher und privater Moral den Traum des ungeteilten Lebens setzten. »Was im privaten Leben gut ist«, soll Cäcilie Kohl gesagt haben, »ist auch in der Politik gut.« Es ist der Preis des Heldenlebens, daß es nichts Privates hat, weil alles, was der Held tut, historisch ist.

Kohl richtete sich deshalb in der Macht gemütlich ein. Manchen Besucher des Bundeskanzleramts befremdete es, daß ihn der Hausherr in Freizeitkleidung und Bequemschuhen begrüßte. Bei den Verhandlungen über die Nato-Mitgliedschaft des vereinten Deutschland im Juli 1990 erzielten Kohl und Gorbatschow schon in Moskau Einigkeit. Für das Wahlvolk und die Geschichtsbücher inszenierten sie das Wunder vom Kaukasus. In der Stunde, da Kohl die Freiheit des welthistorischen Individuums genoß, dem die Erde zu Füßen lag, mußte er zwanglos gekleidet sein. Als das von ihm in Bonn gegründete Haus der Geschichte der Bundesrepublik Deutschland ihm die Bitte unterbreitete, er möge das wollene Souvernir für die Sammlung stiften, da lehnte er, wie seine Schwester erzählte, zunächst ab. »Was wollt ihr mit meiner Strickjacke? Die behalte ich.« Sein Sträuben war vergeblich, denn er hatte dem Volk alles versprochen. Wer es auf die Koinzidenz seines Egoismus mit dem gemeinen Nutzen anlegt, veräußert sich selbst. Kohl verzweifelte nicht, wenn er sich zur Stimme des Volkes und zum Organ des Zeitgeists machte, weil er glaubte, seinen innersten Impulsen zu folgen. »Ich habe immer versucht, Prinzipien des privaten Lebens auch in die Politik zu übertragen.« Die Entgrenzung des Selbstgefühls, dem die Welt keinen Widerstand entgegensetzte, war eine rauschhafte Erfahrung. Beim geselligen Abend des Parteitags in Hannover 1996 sagte Kohl, es sei gut, daß er »schon manche Besäufnisse« mitgemacht habe. »Wer das nicht kann, versteht nichts vom Leben, und wer nichts vom Leben versteht, versteht nichts von der Politik.« Kohls Leben war nichts als Politik und sollte doch die Politik zum Verschwinden bringen. Seine heroische Praxis war das Opfer, das er einem unheroischen Ideal brachte.

1994 gab Kohl seine Antwort auf die Frage, was historische Größe sei. »Daß man versucht hat, einen Beitrag zu leisten zur Menschlichkeit zu seiner Zeit, und daß man dabei die Chance wahrgenommen hat, vielen Menschen zu persönlichem Glück zu verhelfen.« Als Franz Josef Strauß im letzten Jahr seines Lebens seine Erinnerungen diktierte, suchte er eine Erklärung dafür, daß die Regierung Kohl seinen außenpolitischen Rat nicht gebraucht hatte. Bitter stellte er fest, daß die Härte des klassischen Begriffs der Staatsräson sich mit dem sanften Lebensgefühl der Zeit nicht vertrug. »Jedenfalls sind wir weit fortgeschritten auf dem Wege einer Abwendung von Kernthemen unserer staatlichen, politischen und nationalen Existenz hin zu einer

Einstellung, in der persönliches Wohlergehen über alles gestellt wird.« Die Weltgeschichte sei nicht der Boden des Glücks, hatte Hegel seinen Berliner Studenten vorgetragen, die Perioden des Glücks seien leere Blätter in ihr. Eine dieser leeren Seiten im Buch der Geschichte wollte Helmut Kohl beschreiben.

Die Deutsche Bibliothek – CIP-Einheitsaufnahme

Im Mantel der Geschichte:
Helmut Kohl oder Die Unersetzlichkeit /
Patrick Bahners. – 1. Aufl. – Berlin: Siedler, 1998
ISBN 3-88680-658-8

Schutzumschlag: Bongé+Partner, Berlin,
unter Verwendung eines Fotos von J. H. Darchinger
Satz: Bongé+Partner, Berlin
Druck und Buchbinder: GGP, Pößneck
Printed in Germany 1998
ISBN 3-88680-658-8
Erste Auflage